# 丛书编委会

总　策　划：来新国　王文成

编委会主任：郭齐勇　周晓亮

编　　　委：来新国　陈知涯　张　或　尹格韬　沈　众

王文成　孟淑贤　周长志　罗养毅　秦　丹

乌　琛

大家精要

贺 麟

杜小安 著

He Lin

陕西师范大学出版总社

图书代号 SK17N0218

**图书在版编目（CIP）数据**

贺麟／杜小安著. —西安：陕西师范大学出版总社
有限公司，2017.5（2024.1重印）
（大家精要）
ISBN 978-7-5613-9053-5

Ⅰ.①贺… Ⅱ.①杜… Ⅲ.①贺麟（1902—1992）—
传记 Ⅳ.①K825.1

中国版本图书馆CIP数据核字（2017）第091483号

# 贺　麟　HE LIN

杜小安　著

| | | |
|---|---|---|
| 责任编辑 | 彭　燕 | |
| 责任校对 | 宋媛媛 | |
| 封面设计 | 张潇伊 | |
| 出版发行 | 陕西师范大学出版总社 | |
| | （西安市长安南路199号　邮编710062） | |
| 网　　址 | http://www.snupg.com | |
| 印　　制 | 永清县晔盛亚胶印有限公司 | |
| 开　　本 | 650 mm×930 mm　1/16 | |
| 印　　张 | 10 | |
| 字　　数 | 100千 | |
| 版　　次 | 2017年5月第1版 | |
| 印　　次 | 2024年1月第2次印刷 | |
| 书　　号 | ISBN 978-7-5613-9053-5 | |
| 定　　价 | 45.00元 | |

读者购书、书店添货或发现印刷装订问题，请与本公司销售部联系、调换。

电话：（029）85303879　　传真：（029）85307864　　85303629

# 目　录

# 第1章

## 童年时代

### 一、巴山蜀水的滋养

在祖国的大西南，有一块美丽富饶而又神奇的土地，它就是有"天府之国"美誉的四川盆地。它西靠世界屋脊青藏高原，东临长江三峡天险，南面云贵高原，北向秦岭巴山。四面环绕崇山峻岭，而中间是宽阔肥沃的成都平原。巴蜀山川自古就有雄险幽秀之称：峨眉天下秀，青城天下幽，剑阁天下险，夔门天下雄；岷江、大渡河、金沙江和嘉陵江贯穿其中，滋润着巴蜀大地。由于四川古代交通十分困难，故李白发出"蜀道之难，难于上青天"的感叹。但这里自古就是物华天宝，人杰地灵，是中国古代文化最早发生发展的地区之一，其文字可考历史有三千多年。

早在商周时期，这里就已经建立了两个部落方国，一个是由古蜀族在今川西地区建立的蜀国，另一个是由古代巴族在今川东地区（包括今重庆市）建立的巴国，因此，四川自古又称"巴蜀"。当代考古发掘的三星堆文化遗址清晰地见证了古代蜀国文化的辉煌成就。公元前316年，秦国征服了巴蜀，此后该地区就成为中国历代王朝管辖区域。正由于此，巴蜀先民兼容了多种文化，使四川盆地成为荟萃农耕、游牧文化的聚宝盆。从先秦到魏晋南北朝，巴蜀文化与荆楚文化、秦陇文化和中原文化相互交流与融合，形成了独具特色的巴蜀文化，同时也对滇黔夜郎文化和南诏文化产生了较大影响。

在漫长的历史长河中，在巴山蜀水的滋养下，巴蜀地区孕育出了无数英雄豪杰、文人雅士、能工巧匠。这里有秦国蜀郡太守李冰父子建造的世界闻名的都江堰水利工程，汉代司马迁、司马相如出使西南夷留下的足迹，还有才貌双全、千古惹人怜的卓文君的身影；这里有诸葛亮七擒孟获的千古佳话和开发巴蜀的伟大业绩；这里有李白、杜甫满怀豪情慷慨赋就的壮丽诗篇，有苏轼父兄三人谈经论道、妙手著文的亭台楼阁，又有黄庭坚、陆游抒发豪情壮志的青山绿水；这里有峨眉山、青城山上的佛教高僧与道教仙士们修道护法的宗教虔诚；这里还走出了共和国的开国元勋朱德、刘伯承、聂荣臻、陈毅，还有国家的杰出领导人邓小平、现代文学家郭沫若和巴金、现代国画大师张大千、平民教育家晏阳初……正是在这片古老而神奇的土地上，孕育出了20世纪中国杰出的哲学大师、著名的哲学家、教育家、翻译家和现代新儒家贺麟。

## 二、出生的时代背景

贺麟，字自昭，1902 年 9 月 20 日（清光绪二十八年农历八月十九日）出生于四川省成都市金堂县五凤乡杨柳沟村一个士绅家庭。金堂县处于天府之国的腹心地带，位于四川盆地西部，成都平原东部，今为成都市郊县。自清朝到民国几百年当中，金堂县赵镇因得沱江舟楫之利成为川西著名水路码头和商贾云集之地，几度繁荣，位列四川四大镇之首。

贺麟出生时，中国已经在内忧外患中到了亡国灭种的边缘。贺麟出生的前两年，即 1900 年爆发了震惊中外的义和团运动。他出生的当年，四川春旱，赤地千里，哀鸿遍野，广大人民走投无路，爆发了以金堂女侠廖观音为首的"红灯教义和团"运动。

与此同时，四川的地方官绅集团联合发起的"保路运动"也如火如荼。1904 年（光绪三十年），由四川省留日学生首倡，经四川总督锡良奏请清政府批准，在成都设立了"川汉铁路公司"，目的是反抗外国资本掠夺中国川汉铁路主权。1907 年，"川汉铁路公司"改为商办有限公司，以集股方式自建川汉铁路。不久，张之洞病逝，由邮传大臣盛宣怀接手督办。1911 年 5 月（宣统三年四月），清廷宣布"铁路干线国有政策"，强收川汉、粤汉铁路为"国有"。这一政策激起了四川、湖北、湖南、广东各地士绅民众的激烈反抗。1911 年 5 月 14 日，湖南长沙率先举行了万人群众集会，接着又举行了铁路工人示威，并号召商人罢市，学生罢课，拒交租税以示抗议。在湖南人民

的带动下，湖北、广东、四川的人民也都积极行动起来。6 月
17 日，成都各团体两千余人在川汉铁路公司开会，成立"四川
保路同志会"，提出"破约保路"的宗旨，发布《保路同志会
宣言书》等文告，四处张贴，宣传保路，并派会员分路讲演，
举代表赴京请愿。全川各地闻风响应，各州、县、乡、镇、街
团体保路同志分会相继成立，会员众至数十万。9 月 5 日，川
汉铁路公司特别股东大会上出现《川人自保商榷书》的传单，
号召川人共图自保，隐含革命独立之意。川督赵尔丰奉清政府
之命镇压，诱捕保路同志会和股东会首要人物蒲殿俊、罗纶、
张澜等人，封闭铁路公司和同志会。这激起了群众的更大义
愤，成都数万群众奔赴总督衙门请愿，要求释放被捕人员。赵
尔丰下令清兵当场枪杀请愿群众三十余人，制造了"成都血
案"。同盟会会员乘机组织同志军围攻省城，发动武装起义，
把保路运动推向高潮，成为武昌起义的前奏。

## 三、民国初年的教育

辛亥革命的火焰烧毁了清朝的封建统治。民国建立以后，
金堂县政府开始改良旧制，实行新政，倡导新学，兴办国民教
育。逐步推广农业新技术，开始兴办工商实业，建立赵镇慧明
电灯公司、贫民教养工厂。修建唐巴公路。社会提倡尊重女
权、推行西医等，社会事业和经济有所发展。但是，金堂人民
并没有摆脱厄运。在自民国六年（1917）始的军阀割据中，金
堂历经四川军阀争夺地盘战乱的蹂躏，县无宁日。当时驻军总
揽县政大权，横征暴敛。为征军费，驻军政府大开烟禁，强制

农民弃粮种鸦片，全县烟毒流行，人民深受其害。一时县境内盗匪蜂起，危害一方。军阀为扩充势力，对土匪招安委官，以致官匪一家，危害更烈。贺麟的童年和青少年时代正是在这种兵荒马乱的社会环境中度过的。

贺麟的父亲贺松云是晚清秀才，卒业于金堂县正精书院。1905年，科举制度被清政府废除，新学制开始颁行。这是我国由传统教育向近代教育转化的关键一步。贺松云曾主持五凤乡和金堂县的教育事务，当过金堂中学校长、县教育科长，属于金堂县的社会名流和地方士绅。他在居家期间，常教导幼年的贺麟读诵儒家经典《论语》等。1909年，八岁的贺麟开始入家乡私塾读书，不久到镇上读小学。学校所学科目仍不外乎"四书""五经"，且重在记诵而轻于理解。幼年的贺麟聪慧异常，他已经开始领悟儒家思想的一些深奥的道理，尤其对宋明理学感兴趣，虽只是一知半解，浅知粗义，但却能把文句牢记于胸，并不断思索其中的意思。这种儿童教育在他幼小的心灵里播下了中国传统文化的种子，为他后来研习国学打下了坚实的基础。他父亲也给他讲授《朱子语类》和《传习录》等儒家著作。1914年，十三岁的贺麟小学毕业。但因他身材矮小、身体瘦弱，父母不放心他独自到外地读书，遂命贺麟仍在家乡小学进修。这时，他主要靠自学，读了很多古代经典，为以后的学术事业发展奠定了坚实的基础。阅读使贺麟幼小的心灵受到启迪和滋养，使他的幼年生活充满阳光，也使他的灵魂得到净化和升华。阅读使他跨越了时空的障碍，感受那许多伟大的心灵，领悟深邃的人生哲理。贺麟的父亲经常勉励儿子好好读书，给儿子讲宋代诗人黄山谷"三日不读书，便觉语言无味，面目可憎"的道理，激励儿子像苏轼那样，"发奋识遍天下字，立志读尽人间书"。小小的贺麟暗暗立下志愿："我要读世界上最好的书，以古人为友，领会世界上最好的思想。"

1917年，贺麟以优异成绩考入四川省立成都属联中——石室中学。在这里，贺麟特别喜欢阅读儒家经典著作，善于独立思考。他对宋明理学的书籍兴趣十分浓厚，对朱熹、王阳明的思想和学问更是推崇备至。结果，他的普通科目成绩平平，但国文课却十分优秀，国文老师称他是"全校能把文章写通的两个人之一"。经过两年的中学学习，贺麟逐渐成长为一名胸怀天下、志向远大的优秀青年学子。

# 第 2 章

## 求学清华园

### 一、清华园：国学大师的教诲

1919 年秋，十八岁的贺麟怀着对学术的执着追求和对美好生活的强烈向往投考北京清华学校，并以优异成绩被清华学校录取，编入中等科二年级。自此，贺麟在风景秀丽的清华园开始了长达七年的正规现代高等教育。

贺麟到北京清华学校学习时，中国思想界声势浩大的新文化运动和轰轰烈烈的五四运动已经如火如荼地兴起。贺麟在清华学校的七年就是在这样的大背景下度过的。而在此期间，他深受当时知名国学大师的影响。

第一位对贺麟学术思想影响较大的学者是梁启超。梁启超（1873~1929）是近代中国杰出思想家，戊戌维新运动领袖之一。早年接受康有为的变法思想而走上改良维新的道路。1922年起在清华学校兼课，1925 年应聘任清华国学研究院导师，直到逝世。"五四"时期，梁启超的思想并不保守。他坚决支持文学革命并且身体力行，是陈独秀、胡适在白话文运动中的同道，为引进新知识、传播新文化、促进中西文化交流所做的工作在"五四"新知识界中无一人能望其项背。但他对新文化派彻底否定中国传统文化和"打倒孔家店"的观点持反对态度。他主张对儒家学说作重新估价，坏的要去掉，但好的东西一定要继承。他不赞成全盘西化的观点，极力主张对中国传统文化要心存敬意，应该借助西洋的方法研究整理它，使之改造成适宜现代中国社会发展需要的新文化，并由此去推动世界文化的发展。这与陈独秀、胡适诸人激烈的反传统立场形成了鲜明对照。钱玄同称他是"革新思想的先觉，整理国故之大师"。在清华学生的记忆中，梁启超双目炯炯，走起路来昂首阔步。他那一口广东官话，声如洪钟。他情感丰富，记忆力超群，用手一敲秃脑壳，就能背出大段大段的诗词。有时候，他手舞足蹈，讲得口沫四溅，他的演讲不知鼓起了多少人的文学情思。

贺麟自1922年起，听过梁启超所开的几门关于中国学术思想史的课程，不但接受了梁启超许多的学术思想，而且进一步培养了对学术研究的浓厚兴趣。在梁启超指导下，贺麟写成了《戴震研究指南》一文，发表于《晨报》副刊（1923年12月8~12日），又在《清华周刊》发表了《博大精深的焦循》。这些学术研究活动为贺麟后来成长为学兼中西的现代新儒学大师奠定了扎实的根基。

第二位对贺麟学术思想影响较大的学者是梁漱溟。梁漱溟（1893~1988）是现代中国著名的思想家、哲学家、教育家、社会活动家，是现代新儒家的早期代表人物之一，有"中国最后一位儒家"之称。他早年潜心于佛学研究，经过几年的沉潜反思，重新燃起追求美好社会理想的热情，遂转向了儒学研究。1918~1924年，梁漱溟受蔡元培之聘，任北京大学讲师，后升为教授，发表《东西文化及其哲学》一书，阐发其东方精神文明论和现代新儒家思想，在当时全盘西化论十分盛行的学术思想界产生了很大影响。

1924年，梁漱溟应邀到清华学校做短期讲学，贺麟抓住这一良机拜访了梁漱溟几次。梁漱溟十分推崇王阳明，他对贺麟说："只有王阳明的《传习录》与王心斋的书可读，别的都可不念。"由于贺麟早年受父亲的影响，对儒家思想，尤其是宋明理学和王阳明的《传习录》具有较深的领会，因此，梁漱溟的教导也对贺麟产生了重要影响。此后，在新文化运动和全盘西化思潮盛行的中国，贺麟并没有追随新文化派的极端化偏激观点，而是始终站在会通中西的立场上捍卫中国传统文化的积极价值。

第三位对贺麟学术思想影响较大的学者是吴宓。吴宓（1894~1978）是20世纪中国著名的西方文学研究专家。1911年初，吴宓从陕西泾阳考入北京清华学校。1917年赴美留学，与同在哈佛大学留学的陈寅恪和汤用彤合称为"哈佛三杰"。吴宓1921年回国，在南京东南大学任教，讲授世界文学史等课程，并且常以希腊罗马文化、基督教文化、印度佛学及中国儒家学说这四大传统文化作比较印证。1922年，他在东南大学与梅光迪、柳诒徵等人联合创办《学衡》杂志，任总编辑，十一年间共出版七十九期，并由此形成了对中国学术界产生较大影响的学术文化团体"学衡派"。在当时新旧文化激烈对抗的时代背景下，学衡派学者独辟蹊径，一方面大力引进西欧北美的学术文化思想，另一方面又大力发扬中国儒家文化的基本价值，主张"中西贯通"，注重研究中西文化的异同，通过比较、综合、创新，在广博的基础上融合新时代的理性秩序和道德理想，故别成一派。1925年，清华学校看重吴宓学识渊博、会通中西，聘他回母校担任清华国学院主任、教授。吴宓在写的《清华开办研究院之旨趣及经过》一文中明确指出"会通中西"的学术主张。他说，五四新文化运动带来的是中西文化之大碰撞。为了适应这种时代变革以达到中西融会的目的，我们必须通过对中国固有文化的精深研究来进行中国文化的再造，以达到继承、发展和弘扬中国文化之目的。我们今天越是提倡向西方学习，就越是要重视中国文化之研究，通过对中西文化的兼容并包和精深研究，使之在交融中再造中华文明。为了实现他的学术理想，吴宓费尽周折邀请到梁启超、王国维、陈寅恪、赵元任等国学大师到清华国学院任教。抗战以后，他先后又在西南联大、东北大学、武汉大学、西南师范大学执教。

1925年，二十四岁的贺麟被任命为校刊《清华周刊》总编辑。这年，吴宓为高年级学生开设翻译选修课（外文翻译），讲授翻译的原理和技巧，并辅导学生作翻译练习。贺麟、张荫麟、陈铨是选修此课并听讲最认真的学生，三人后被称为"吴门三杰"。在吴宓的悉心指导下，贺麟的翻译水平迅速提高。贺麟开始翻译英文诗歌和散文，阅读严复的译作。他推崇严复"信、达、雅"的翻译标准，曾写《论严复的翻译》一文，发表在1925年11月的《东方杂志》上。在吴宓的影响下，贺麟立志学习吴宓先生，要把介绍和传播西方古典哲学作为自己终生的事业。

## 二、理性面对基督教

20世纪20年代开始，由于受五四运动的影响，中国民族主义运动开始迅速高涨。在这种情况下，作为西方文化一部分的基督教自然地被看成是西方帝国主义势力侵略中国的工具，受到中国普通民众的怀疑和抵制。1922年4月，世界基督教学生同盟在清华大学召开第11届大会，由此在中国引发了一场声势浩大的非基督教运动。上海学生首先成立了"非基督教大同盟"，北京学生也宣布组成"非宗教大同盟"，并且迅速得到全国各地学生的响应。北京非宗教大同盟的《宣言》说："我们自誓要为人类社会扫除宗教的毒害。我们深恶痛绝宗教之流毒于人类社会，十百千倍于洪水猛兽。有宗教可无人类，有人类应无宗教。宗教与人类，不能两立。人类本是进化的，宗教偏说人与万物，天造地设。人类本是自由平等的，宗教偏要束缚思想，摧残个性，崇拜偶像，主乎一尊。人类本是酷好和平的，宗教偏要伐异党同，引起战争，反以博爱为假面具骗人。人类本是好生乐善的，宗教偏要诱之以天堂，惧之以地狱，利用非人的威权道德……好笑的宗教，与科学真理既不相容。可恶的宗教，与人道主义，完全违背。"这是五四运动以来中国最大的一次反宗教浪潮。

受其影响，中国基督教会和信徒们开始觉醒并进行反思，掀起了基督教本色化运动。与此同时，当时的新文化派代表人物胡适、陈独秀、蔡元培等人由于深受西方理性主义的影响，对基督教采取了有限肯定的态度。胡适认为，中国知识阶级对于基督教应该有两种态度，一是容忍，二是了解。他主张承认人人有信仰的自由，又承认基督徒有传教的自由，这是容忍；他也主张研究基督教的经典和历史，知道它在历史上造的福和作的孽，知道它的哪一部分是精彩，哪一部分是糟粕，这是了解。他认为基督教中有迷信和神学的内容，那都是中世纪的产物，现在应该抛弃了，但其道德教训还有可保留者。陈独秀的态度与胡适比较相近，他主张："要把耶稣崇高的、伟大的人格和热烈的、深厚的情感，培养在我们的血里，将我们从堕落在冷酷、黑暗、污浊坑中救起。""基督教的创世说、三位一体说和各种灵异，大半是古代的传说、附会，已经被历史学和科学破坏了，我们应该抛弃旧信仰，另寻新信仰。新信仰是什么？就是耶稣崇高的、伟大的人格和热烈的、深厚的情感。"

1925 年，基督教大同盟在北平举行会议。作为《清华周刊》总编辑的贺麟代表本刊发表《论研究宗教是反对外来宗教传播的正当方法》的文章，对当时盛行的"非基督教运动"提出了批评，并表明他对基督教所持有的理性的同情态度。贺麟此时的思想也是从理性主义的立场出发，认为通过对宗教的理性研究发现其缺点是反对宗教的最好方法。这种理性的观点为他后来大力提倡基督教与儒家思想的融合奠定了基础。

## 三、投身革命大潮

1925 年，上海发生"五卅惨案"。惨案发生后，全国震动，北京学生第二天即响应，进行反对帝国主义示威运动，全国各大城市学生也先后罢课，风起云涌，民意沸腾。

在清华学校，贺麟被选为"五卅惨案后援团"的两个宣讲人之一，于暑假公费到石家庄、太原、开封、洛阳、信阳等地从事政治宣传鼓动工作，宣传孙中山民族、民权和民生的三民主义，响应南方国民革命的热潮。贺麟第一次全身心投入到中国国民革命的历史大潮当中，亲身感受到中华民族自强不息的伟大民族精神的大爆发，深刻体会到中华民族渴望独立、自由、富强的强烈愿望，极大地激发了他学术救国的人生理想和信念。

1926 年 7 月，二十五岁的贺麟以优异的成绩从清华学校毕业。经过七年多的学习和锻炼，贺麟深刻地认识到，一个没有学问的民族，是要被别的民族轻视的。因此，他决定远涉重洋，赴美求学。8 月，贺麟乘一艘美国客轮离开祖国，踏上了海外留学之路。

# 第3章

# 经历欧风美雨

## 一、在奥柏林大学深造

1926年9月，贺麟插入美国俄亥俄州的奥柏林大学哲学系三年级学习。

奥柏林大学始建于1833年，是美国一所著名的私立学院，深受中国留学生的喜爱。在1914年到1918年期间，后来成为中国著名历史学家和外交家的蒋廷黻（1895~1965）就曾在此求学。贺麟在奥柏林大学求学期间学习了拉丁文、心理学、哲学史、宗教哲学、伦理学以及《圣经》等课程，撰写了《神话的本质和理论》《魔术》《村社制度研究》《结婚、离婚的历史和伦理》《论述吉伍勒的伦理思想》等论文。这些论文后来皆收入他的《哲学与哲学史论文集》。

在奥柏林大学，贺麟对斯宾诺莎哲学和黑格尔哲学发生了浓厚的兴趣，并进行了较为深入的探讨。这一经历对他以后的哲学研究与思想发展产生了重要影响。1927年是斯宾诺莎逝世二百五十周年。为了纪念这位哲学巨人，奥柏林大学的教授耶顿夫人在家里组办了一个读书会，贺麟是该读书会的七位成员之一。读书会对斯宾诺莎的哲学、伦理学进行了详细的探讨。耶顿夫人教授伦理学，但在课外还给贺麟等几位同学讲黑格尔和斯宾诺莎哲学。由于耶顿夫人的启发，贺麟开始对黑格尔和斯宾诺莎哲学产生了浓厚的兴趣，奠定了他后来研究黑格尔和斯宾诺莎哲学的方向和基础。贺麟称赞耶顿夫人是使他永生难忘、终身受益的老师。

贺麟在奥柏林大学两年的求学生活中，最大的收获是接受了斯宾诺莎的"实体"学说，并由此跨进了德国古典哲学的大门。斯宾诺莎（1632~1677）是西方近代哲学史重要的理性主义哲学家，与笛卡儿和莱布尼茨齐名。斯宾诺莎的哲学体系为之后17世纪的科学运动和科学一体化提供了思想蓝图，对后来的哲学家如费希特、谢林、费尔巴哈、马克思等人都有过一定的影响。斯宾诺莎的著作中最伟大的莫过于《几何伦理学》，简称《伦理学》。该书是以欧几里得的几何学方式来书写的哲学著作，直到斯宾诺莎死后才得以发表。

在奥柏林大学老师的引导下，贺麟认真研读斯宾诺莎的代表作《伦理学》。他惊异地发现，隐藏在著作中那些枯燥、晦涩的"公理""定理""证明"后面的，是一个伟大的灵魂对世界、人生的玄鉴深思，如同大自然一样宁静自在而又内蕴丰富。追求"情理合一"的贺麟对斯宾诺莎的学说一见倾心，并在纪念斯氏逝世二百五十周年之际，专门写了一篇研究其思想的文章。他认为，斯宾诺莎所说的"人受到利欲、情感的奴役，要解除它就需求助于理性，于是产生自觉的道德”的思想，与中国宋儒“尽天理，灭人欲”的思想倾向很相似；而斯氏所说的“实体”或“上帝”，就是自然，理性所要认识的就是这不生不灭的“实体”，这与主张“齐物我，一天地”的庄周思想颇为接近。正是受斯宾诺莎哲学和人品的影响，贺麟立志要把斯宾诺莎哲学思想翻译、介绍到中国来，这一工作成了他后来一生治学的重要内容之一。1952 年，他就曾把斯宾诺莎的《伦理学》译成中文出版。

黑格尔（1770~1831）是德国古典哲学最伟大的哲学家，是从康德开始的德国古典哲学运动发展最高峰的代表人物，其哲学对德国、英国和美国哲学界都产生了深刻的影响。19 世纪末，在美国和英国，一流的学院哲学家大多都是黑格尔派。在纯哲学范围以外，有许多新教神学家也采纳他的学说，而且他的历史哲学对政治理论产生了深远的影响。

黑格尔对贺麟的影响巨大。可以说，在贺麟的整个人生历程中，都充满了黑格尔式的强大生命激情。无论是在他表达爱国主义精神、翻译黑格尔的哲学著作、传授黑格尔的哲学思想、弘扬中国儒家传统思想时，还是在他追随中国共产党接受马克思主义时，这种生命的激情都始终如一。黑格尔曾说：“一个民族只有有了那些关注天空的人，这个民族才有希望。如果一个民族只是关心眼下、脚下的事情，这个民族是没有未来的。”贺麟可以说就是中华民族真正关注天空的人。贺麟一生对黑格尔哲学思想都怀着深厚的感情。为了翻译和传播黑格尔哲学，他耗费了毕生的心血。他的辛勤与汗水在中国结出了丰硕的果实。黑格尔“关注天空”的情怀在中国薪火相传，生生不息。

1927 年暑假，贺麟加入了设立于芝加哥泰勒沙龙的东方学生会。这时，国内国民革命军北伐胜利挺进的消息传至美国，贺麟极其兴奋。他在东方学生会举办的学术会议上宣读论文《中国革命的哲学基础》。这里的"中国革命"指的是广东革命军挥师北伐。这年 10 月，他在《东方杂志》第 24 卷第 19 期发表了《西洋机械人生观最近之论战》，该文后被收入《近代唯心论简释》。1928 年 2 月，贺麟在奥柏林大学修满学分，以优异成绩提前半年毕业，获文学士学位。贺麟的学士论文是《斯宾诺莎哲学的宗教方面》。他从宗教神学的角度对斯宾诺莎的哲学进行了分析和总结。他认为，斯宾诺莎哲学从"自因"出发，对于上帝存在的命题进行了严格的证明。这篇论文是贺麟对西方理性主义传统的第一次深入研究。

## 二、在芝加哥大学短期学习

1928 年 3 月，贺麟离开了奥柏林大学，转入芝加哥大学专攻黑格尔哲学。芝加哥大学位于美国芝加哥南部的密歇根湖畔，学校是由石油大王洛克菲勒于 1891 年捐资创办的一所十分著名的私立综合性研究型大学。在芝加哥大学，贺麟选习了米德教授讲授的"黑格尔精神现象学"和"柏格森生命哲学"，斯密思教授的"格林、布拉德雷、西吉微克、摩尔的伦理学"，以及塔尔兹教授的"政治伦理"等课程。在这里，贺麟十分推崇新黑格尔派格林哲学，并开始接受新黑格尔主义思想，写成《托玛斯·希尔·格林》一文。新黑格尔主义是 19 世纪下半叶以来试图复活黑格尔哲学的各种思潮的总称。新黑格尔主义在"复兴黑格尔"的旗号下，把从黑格尔那里继承来并加以重新解释的"绝对精神"当作其基本概念，因此他们的哲学理论被称为绝对唯心主义，其代表人物是格林。

## 三、哈佛大学名师的教诲

1928 年 9 月，贺麟因不满于芝加哥大学那种在课堂上尽谈经验的实用主义的学术风气，遂转入哈佛大学，想进一步学习德国古典哲学。哈佛大学是美国最早的私立大学之一，是以培养研究生和从事科学研究为主的综合性大学。哈佛大学各学院具有相对的独立性，历任校长坚持学术自由、学术自治和学术中立原则，使哈佛长期保持了第一流的学术研究水平，培养出了第一流的人才。贺麟进入哈佛大学读哲学的时候，该大学极重视德国古典哲学的研究和教学，这一学术方向非常符合一向注重义理的贺麟的学习兴趣。贺麟在哈佛大学选听"康德哲学""斯宾诺莎哲学"和怀特海教授的"自然哲学"课。在这里，贺麟通过刻苦努力，终于攻下了西方古典哲学中康德哲学这一大难关，为其进一步深入理解和研究西方哲学打下了坚实的基础。学习期间，对贺麟具有较大影响的是怀特海和霍金。

怀特海（1861~1948）是英国数学家、逻辑学家，过程哲学的创始人。1914 年他受聘为伦敦大学帝国科学技术学院应用数学教授。1910~1913 年间，他与他的弟子罗素合著《数学原理》，轰动了科学界。1924 年，他应聘到美国哈佛大学任哲学教授，于 1929 年出版哲学著作《过程与实在》。

此外，怀特海的教育学著作《教育的目的》是现代教育学的经典著作。怀特海认为，在中学阶段，学生应该伏案学习，但在大学里，他需要站起来，四面观望。他说："只有站起来，向社会、向历史、向未来、向生活的各个方面放眼展望，才能把握住恰当的目标，促进自己全面发展。大学之所以有理由存在，是因为它能使老少两代人在富有想象力的学习中保持知识与生活热情之间的联系。"他有一句名言："什么是教育？教育就是把你在课堂上学的东西全部忘记了，把你为考试背的东西全部忘记了，那剩下的东西就是教育。"怀特海认为，在教育活动中，最重要的东西是进行智力活动的良好习惯和融入身心的思想原理。至于那些具体的知识，如果你不用，是可以忘记的。

怀特海哲学家的睿智与教育家的气魄对贺麟等中国留学生产生了振聋发聩的影响。有一次，贺麟与另外两名中国同学应邀到怀特海家里交谈中国哲学问题。他们在密切的沟通与交流过程中发现，怀特海的过程哲学与东方哲学，特别是中国哲学存在明显的相通之处。过程哲学的某些核心思想如"创造性""过程性"更加接近于中国哲学《周易》里"生生之谓易""天人相与"和"既济"而"未济"的变易哲学原理。在贺麟的印象中，怀特海的风貌很像宋儒程颢，光风霁月般潇洒而又自然朴真，其对世界、人生的看法与感受既深刻而又丰富生动。这次谈话十分有力地激发了贺麟运用西方哲学的概念和方法重新解释和发扬中国哲学的信心和决心，对他成长为现代新儒家一代宗师具有重要影响。

哈佛大学另一位对贺麟具有较大影响的西方学者是霍金。

霍金是一位新黑格尔主义哲学家。1929 年 4 月，贺麟在听了霍金"形而上学"课后写成论文《斯宾诺莎身心平行论的意义及其批评者》。霍金认为论文很有创新思想，给了满分。随后，贺麟根据霍金教授的意见又对论文加以补充、修改，得到了专家的好评。这一年，贺麟毕业于哈佛大学，获哲学硕士学位。他的两篇论文，即《道德价值与美学价值》和《自然的目的论》也在这时完成。

## 四、在柏林大学的求索

在美国求学期间，贺麟通过听课、阅读、思考，对黑格尔哲学有了一定的了解，特别是美国新黑格尔主义领袖鲁一士的《近代唯心论演讲集》和《近代哲学的精神》这两本著作给他理解黑格尔哲学以很大的启发和帮助。但他总有一种众说纷纭、莫衷一是的感觉，总感到对黑格尔的了解犹如隔靴搔痒，没有真正深入。随着他在美国期间对以康德、黑格尔为代表的德国古典哲学兴趣的日益浓厚，他深感在美国难以学到其真正精神。为了真正掌握黑格尔哲学的精髓，贺麟谢绝要他留校继续攻读博士学位的挽留，离开美国，于1930年夏赴德国柏林大学专攻德国古典哲学。

贺麟经过短期的德文和拉丁文补习，即进入柏林大学。他立刻感受到德国人对纯粹哲学的兴趣与爱好远胜过美国人。在柏林大学，贺麟选修了迈尔的哲学史课、著名哲学家哈特曼教授的历史哲学课，研读了有关黑格尔生平及其学说的德文论著，如克朗纳的《从康德到黑格尔》、格罗克纳的《黑格尔》、哈特曼的《黑格尔》、狄尔泰的《青年黑格尔的历史》等。当时的"大课"是"哲学概论",两千人的课堂挤得满满的,主讲人常是学问与口才都极佳的老教授。贺麟回忆当时的情形说:"课堂那样隆重,我像是在参加教堂的礼拜。"其中,哈特曼对贺麟的影响最大。他使贺麟认识到辩证法在黑格尔哲学体系中的核心作用。哈特曼教授是当时著名的哲学家、新黑格尔主义者。贺麟通过选修哈特曼主讲的历史哲学课,对黑格尔辩证法有了更加深入、全面的认识。哈特曼认为,黑格尔的辩证法是一个天才的直观的整体,是一种艺术,有其必然性。但这个必然性的规律与普通的规律不同,它不是一般的抽象的理智方法,而是一种体验精神生活的方法。贺麟认为哈特曼抓住了黑格尔辩证法的真谛,在回国后所发表的《辩证法与辩证观》一文中引证和发挥了哈特曼的观点。

1930 年 8 月,贺麟在德国完成了其学术生涯中具有里程碑意义的论文《朱熹与黑格尔太极说之比较观》。贺麟撰写此文的目的是纪念朱熹(1130~1200)诞生 800 周年和黑格尔逝世(1770~1831)100 周年,是他对中西哲学大师的思想作比较研究的开端。贺麟试图把儒家传统哲学同西方哲学融合起来,以推进儒家哲学的现代化。该文后刊于《大公报·文学副刊》第 149 期(1930 年 11 月 6 日),后又作为附录收入《黑格尔学述》一书(1936 年)。贺麟试图通过比较朱熹的"太极"概念和黑格尔的"绝对理念"概念的异同来阐发两家的学说。该文认为黑格尔的学说是绝对唯心论,而朱子则似唯心论又似唯实在论,似一元论又似二元论。黑格尔全系统的中坚是矛盾思辨法,朱子仅用博学、审问、慎思、明辨的批导方法,再兼以"笃行"的道德修养。由于他们哲学的进路与方法的不同,朱熹与黑格尔的"太极"说也各有特色。贺麟认为，朱熹的"太极"是纯粹蔼然爱人利物的仁心，而黑格尔的"太极"是恶被宽恕或被征服后的心境；朱子的仁心是向内克治情欲的警察，而黑格尔的"太极"是向外征服恶魔的战士；朱子认为"太极"为个人由涵养而得的当下的内心境界，而黑格尔是个理想主义者，有时称尚未实现的社会理想或时代精神为"太极"的下凡；朱子的"太极"是仙佛境界，黑格尔的"太极"是霸王威风；朱子的"太极"是光风霁月，黑格尔的"太极"是洪水猛兽，各自体现了不同的文化精神。贺麟这篇文章表现了他的一个研究方向或特点，就是走中西哲学比较参证、融会贯通的道路。

通过整整一年的紧张学习，贺麟圆满地完成了学业。1931年，在回国前夕，他还专程到法兰克福拜访了斯宾诺莎学会的秘书长、斯宾诺莎哲学研究专家格希哈特，并被邀请到法兰克福附近的金溪村舍做客。经格希哈特介绍，贺麟加入国际斯宾诺莎学会。1931年7月，为纪念黑格尔逝世100周年，贺麟完成了《黑格尔学述》译序，发表在《国风》半月刊第二卷第五、六号上。

1931年8月，贺麟结束了五年的欧美求学生涯回国。一路之上，他观赏着欧亚大陆的美丽风光，心里充满了对祖国美好未来的无限遐想和用自己在欧美所学的哲学思想造福中华民族的豪情壮志。同路回国的还有贺麟在清华上学时的老师吴宓教授，他们时常在一起切磋学问、交流思想，共同为中国文化勾画着蓝图。

# 第 4 章

# 对西方哲学在中国传播的历史贡献

## 一、西方哲学在中国的传播

### 西学东渐

西学东渐是指近现代西方学术思想向中国传播的历史过程，通常指在明末清初以及晚清、民国初两个时期，欧洲及美国等地的学术思想在中国的传播。

明末清初，天主教耶稣会传教士到中国传教，同时引介了大量西方的科技学术思想，译著了大量的西方学术相关书籍。这些人中最著名的有利玛窦、艾儒略、汤若望、南怀仁等。1605 年，利玛窦辑著《乾坤体义》，被《四库全书》编纂者称为"西学传入中国之始"。当时，西学对中国的影响主要在天文学、数学和地图学方面，只在少数的士大夫阶层中流传，而且大部分著作都深藏皇宫。当时中国的士大夫如徐光启及万历皇帝等接受了西方的一些科学技术知识，但在思想上很少受到影响，西学也没有能够很好地普及。这一阶段的西学东渐最终由于"雍正禁教"和"礼仪之争"而中断。

19世纪中叶前后，西方人再度进入中国，并以各种媒介传播西方的基督教和各种新知识。两次鸦片战争特别是第二次鸦片战争，促使清政府从1860年代开始推行洋务运动，促使西方的科学技术再一次传入中国。当时洋务派的主要代表人物，在中央是以奕䜣、文祥为代表的满族官员，在地方是以曾国藩、李鸿章、左宗棠、张之洞为代表的汉族官员和容闳、王韬等为代表的民间学者。他们采取"中学为体，西学为用"的态度来学习西学，主要关注西方的先进武器以及相关的器械运输等，而对西方的学术思想采取排斥的态度。在这期间，学术思想方面的传入主要借由西方传教士创办的媒体，以及洋务机构中为军事目的顺道译介的书籍。容闳（1828～1912）是中国近代史上向西方学习的先驱。他少年时进入澳门马礼逊学堂，1847年随美国传教士布朗赴美留学，后考入耶鲁大学。1854年（清咸丰四年）以优异成绩毕业，成为毕业于美国大学的第一个中国留学生。1863年，他向曾国藩建议创办机器厂，并受曾国藩委托赴美购买机器，筹建江南制造局。1868年，他向清政府提出以选派幼童出洋留学为重点的四项条陈。1870年，他被任命为"幼童出洋肄业局"副委员、留学事务所副监督，并于次年率第一批留学生赴美，此后长期驻美，专管留美学生事务。1875年，容闳任出使美国、西班牙、秘鲁三国副大臣，直至1881年清政府撤回留学生为止。容闳是中国留学生事业的先驱，也是近代中国西学东渐的杰出代表人物。他著有《西学东渐记》一书。

甲午战争以后，由于中国面临着国破家亡的民族危机，许多有识之士开始更积极全面地向西方学习，出现了严复、康有为、梁启超、谭嗣同等一批思想家。他们向西方学习大量的自然科学和社会科学的知识，在政治上也要求改革。这一时期，大量的西方知识传入中国，影响非常广泛。许多人以转译日本人所著的西学书籍来传播西学。进入民国时期，对政治的不满又进一步导致知识分子们提出了"全盘西化"的主张。

五四运动时期，"全盘西化"思想发展到了顶峰，对中国社会造成了很大的影响。在这一阶段，中国人对西方事物由最初的"以夏变夷"的排拒立场，逐渐演变到接受西学甚至要求"全盘西化"。在西学东渐的过程中，中国的留学生们发挥了极其重要的作用。从容闳到詹天佑，从严复到孙中山，从蔡元培、胡适、李大钊、陈独秀到冯友兰、吴宓、贺麟，留学生们从欧洲、美国、日本、苏联等国学习军事、科技、法律、政治、人文等科学，对中国的现代化产生了深刻的影响。西学东渐所造成的中国思想文化变化之大，在中国历史上只有春秋战国时期的"百家争鸣"可以与之媲美。中国人经过西学的洗礼，对于世界、历史发展、政治、经济、社会、自然界万事万物的看法都有了巨大的改变。

## 西方哲学与近代中国

在哲学思想领域里，西方哲学也开始在中国广泛地传播，并对中国知识分子的思想观念产生深刻的影响。中国传统哲学思想中并没有西方的"哲学"概念。在西方，"哲学"一词通常用来说明一个人对生活的某种看法和基本原则，学术意义上的哲学是对这些基本原则的理性根据的质疑、反思，并试图对这些基本原则进行理性的重建。"哲学"在欧洲语言里最早出自希腊文，就是爱智慧的意思。古希腊时期三大哲人苏格拉底、柏拉图与亚里士多德的思想奠定了西方哲学的基本范畴。他们提出的有关形而上学（研究终极真理的学科）、知识论（我们是否有知识，知识是什么）与伦理学（我们应该如何做）的哲学基本问题，至今依然被热烈地讨论。19世纪70年代，日本最早的西方哲学传播者开始借用古汉语把古希腊以来的哲学思想译作"哲学"。后来，康有为等学者将日本的译称介绍到中国，后渐渐通行，标志着哲学从中国传统的儒学、经学、史学等学科分离出来。

明末清初，西方哲学开始传入中国，最早是西方传教士撰写的大量有关亚里士多德哲学的相关介绍，内容包括知识论、逻辑学、形而上学等方面，此外还有天主教神哲学家阿奎那的著作节译。到晚清民国时期，西方哲学才开始真正大量系统地输入中国。第一个向国人介绍西学的是王韬。王韬（1828~1897）是中国近代著名思想家，我国历史上第一位报刊政论家。他在香港应邀协助英华书院院长理雅各将儒家"十三经"译为英文。1867年冬至1868年春，他漫游法、英、苏格兰等国，对西方现代文明有了更深的了解。1874年在香港集资创办《循环日报》，评论时政，提倡维新变法，影响很大。1879年，王韬应日本文人邀请，前往日本进行为期四个月的考察，写成《扶桑记游》。1885年任上海格致书院院长，直至去世。1894年，王韬曾为孙中山修改《上李鸿章书》。王韬一生在哲学、教育、新闻、史学、文学等许多领域都取得了杰出成就。他曾撰写《英人培根》一文，介绍英国近代哲学家培根的思想，并主持格致书院，广泛介绍柏拉图、亚里士多德的思想，尤其积极介绍近代欧洲的培根哲学和当代达尔文、斯宾塞的进化论思想。

近代中国正式翻译西方哲学著作并产生重要影响的人物，是近代中国启蒙思想家严复（1853~1921）。他所翻译的西方著作范围之广、数量之多，在当时和后来都是少有的。严复曾被清政府公派到英国学习海军知识。留学期间，他对英国的社会政治发生兴趣，涉猎了大量资产阶级政治学术理论，并且尤为赞赏达尔文的进化论观点。回国后，严复从海军界转入思想界，积极倡导西学的启蒙教育。1898 年，严复完成了著名的《天演论》的翻译工作。他用犀利的语言，把自己熟读的赫胥黎的著作《进化论与伦理学》译为中文，加上自己的按语，用《天演论》的书名出版。他的译文简练精确，首倡信、达、雅的译文标准。《天演论》出版后，受到知识界的狂热欢迎，一时洛阳纸贵，多次售缺。1898 年也因《天演论》的问世，成为中国哲学理论翻译史上一个值得铭记的年份。在该书中，严复以"物竞天择""适者生存"的生物进化理论阐发其救亡图存的观点，提倡鼓民力、开民智、新民德、自强自立，号召救亡图存。他的"与天交胜"的思想在当时的知识界广为流传。此后，达尔文的进化论所宣扬的"物竞天择""优胜劣败"成为当时人们谈论最多、最受欢迎的思想学说。人们最关心的并不是达尔文在生物学上的贡献，而是运用到社会领域的社会达尔文主义，因为这与中国求生存、求发达的社会现实最容易结合。当时介绍达尔文主义的还有梁启超，他流畅、优美的文笔，使他的介绍更容易为人们所接受。章太炎等人则通过日文间接地接受并传播了达尔文的进化思想。达尔文进化论成为这一时期最受欢迎的西方思想，也成为中国人救亡图存、变法维新的理论武器。但中国对这种理论的接受主要不是从学理上进行的，而是在社会实践和救亡图存的民族救亡运动中进行的，因此缺乏对社会进化学说的理性思考。

20世纪初，由日本传来的"哲学"一词被中国知识界广为使用，西方哲学在中国获得更为广泛的传播。同时，中国传统思想文化中的许多成分被以西方的标准重新估定价值，部分诸子百家的思想获得重新重视，而儒家思想及一些民间的风俗信仰文化则受到主张全盘西化的新文化派强烈地批判。这时期在中国传播西方哲学的代表人物有严复、梁启超、蔡元培、马君武等。

在《天演论》的带动下，严复决心把翻译活动作为事业。从1901~1909年的十年间，他相继翻译了亚当·斯密的《原富》（即《国富论》）、斯宾塞的《群学肄言》、穆勒的《群己权界论》（即《自由论》）、甄克思的《社会通诠》、孟德斯鸠的《法意》（即《论法的精神》）、穆勒的《穆勒名学》（即《逻辑学》）和耶芳斯的《名学浅说》等八种名著。这八种西方名著的出版给中国思想界吹进了强烈的西学新风，带来了极大的冲击。严复第一次翻译介绍了英国经验主义与功利主义学说、法国启蒙思想，把边沁、穆勒、笛卡儿、卢梭、孟德斯鸠的社会学说，西方的古典经济学、政治学理论以及自然科学和哲学理论较为系统地引入中国，启蒙与教育了一代国人。从此以后，中国哲学的面貌发生了根本的变化。

梁启超在戊戌变法时期是叱咤风云的人物。戊戌变法失败后，他被迫流亡日本，先后编印《清议报》和《新民丛报》（1902年出版），用编译的方式大力宣传西方哲学思想。1902年他在《新民丛报》发表了大量介绍西方哲学的论文，具有代表性的有：《霍布斯学案》《斯宾诺莎学案》《卢梭学案》《亚里士多德之政治学说》《进化论革命者颉德之学说》《乐利主义泰斗边沁之学说》《法理学大家孟德斯鸠之学说》《天演学初祖达尔文之学说及其传略》《近世文明初祖二大家（培根和笛卡儿）之学说》《论希腊古代学术》《近世第一大哲康德之学说》等，介绍了亚里士多德、卢梭、孟德斯鸠、边沁等人的政治学说，重点介绍了霍布斯、斯宾诺莎、培根、笛卡儿、进化论者颉德、达尔文等人关于文明论的观点。他在《近世文明初祖二大家之学说》中，评述了培根和笛卡儿的学说，指出培根是经验主义的始祖，笛卡儿是理性主义的奠基人。梁启超甚至推英国经验主义哲学家培根与法国理性主义哲学家笛卡儿是"近世文明初祖"。由于他的宣传，培根的"知识就是力量"与笛卡儿的"普遍怀疑"与"我思故我在"的思想在中国学术界产生了一定影响。在《近世第一大哲康德之学说》一文中，梁启超把康德称为近代西方第一位伟大的哲学家，是"百世之师"，是"黑暗时代之救世主"等等。这些介绍西方哲学的文章对中国新一代知识分子产生了重要影响。

蔡元培（1867~1940）也是翻译西方哲学的先行者之一。1903年6月他去青岛避难，由日文版翻译了德国科培尔的《哲学要领》一书，这是作者科培尔在日本东京帝国大学给学生讲课的教材，实际上是一册浅显的哲学启蒙读物。1906年蔡元培又翻译了日本佛教哲学家井上圆了所著《妖怪学讲义录总论》。这是用西方哲学观点撰写的一部提倡科学、破除迷信的启蒙哲学读物，书中研究的是从民间所说的妖怪，直到"天地万物之起源，万有之本体，灵魂之性质、生死之道理"。贺麟对此类书的评价是："从变法运动到五四运动时期，这是一个启蒙介绍时期，特点是宣扬维新，改良政治，反对传统风俗习惯，而且有的人应用佛学和中国哲学来讲西方哲学，也不免有些牵强附会，一般说只是一种文化批评和观察印象。"蔡元培也是中国研究康德的专家，他发表的《康德学述》一书，是中国学者研究康德哲学的第一部有分量的学术专著。他明确指出，康德的"先验自我"是一切知识可能的逻辑条件，而康德的"物自体"，并不是独立存在的外物，而是理念，但又与柏拉图的理念不同。他还对康德的先验主义方法进行了深刻阐述，使人们了解到康德哲学的真正意义。

近代翻译家马君武（1881～1939）于1901年赴日本留学，曾协助梁启超代理编辑《新民丛报》，发表文章和译作。在1902～1903年间，他编译过西方哲学一些哲学家的思想，如达尔文、斯宾塞、穆勒、狄德罗、拉梅特里、黑格尔、托马斯·莫尔等。他的文章的特点在于把唯物论、无神论和法国资产阶级革命联系起来，认为唯物论和无神论有助于法国1789年革命的成功。并且，他在《唯物论二巨子（底得娄、拉梅特里）之学说》里联系中国的社会现实，宣称"欲救黄种之厄，非大倡唯物论不可"，成为近现代中国宣扬唯物主义哲学思想的先驱。

## "五四"后西学的传播

　　"五四"前后是西方哲学理论翻译的第一次高潮。随着一大批留学生从国外学成回国从事西方哲学教学和研究工作，西方哲学理论著作翻译在中国有了较大的影响和发展。其中，著名学者王国维（1877~1927）1904年起开始学习、研究德国古典哲学，从康德开始，经过叔本华、尼采，再回到康德，对德国古典哲学有着深刻的理解。他对当时严复的翻译、介绍西方哲学的工作进行了详细评论。他认为，严复介绍的英国的功利主义与进化论哲学虽能"一新世人之耳目"，但其兴味与旨趣仅在科学而不在哲学，因此不能"感动吾国之思想界"；而法国的启蒙哲学的翻译介绍主要是为了达到政治上的目的，如"民约论""三权分立"等学说，虽然引起了人们的强烈兴趣，但哲学意味并不浓厚。他认为，只有德国古典哲学，特别是康德哲学才够得上是"伟大之形而上学、高严之伦理学与纯粹之美学"。他对康德哲学进行过深入研究，发表文章介绍《纯粹理性批判》与《实践理性批判》的基本思想。除了介绍、研究康德哲学之外，王国维还对叔本华、尼采的哲学进行了大量介绍。王国维特别推崇叔本华哲学，认为康德哲学是破坏性的，而叔本华哲学才是建设性的，因为康德提出了形而上学何以可能的问题，但只从认识论上思考其可能的基础，叔本华则直接从意志出发，重建了形而上学。他认为叔本华的唯意志论动摇和打破了西方哲学自柏拉图以来的"主知论"即理性主义传统，使西方哲学转向了"主意论"。他从叔本华哲学中发现了悲剧意识，并用来研究《红楼梦》，开创了用西方哲学理论研究中国文学的先例。从王国维的介绍与研究可以看到，中国对西方学术的了解已经从一般实用层面向哲学理论层面发展。作为国学大师，王国维对中西哲学与文化都有很深造诣，他本想从事哲学研究与创造，但又发现这是一件非常困难的工作。他说"可信者不可爱，可爱者不可信"，很难做到两全其美。这一看法不仅涉及西方哲学本身的问题，而且触及中国哲学与西方哲学中的一些根本性的问题。"可信者"实属于真理、事实一类的问题，其方法是逻辑、数学推理与经验实证方面的；"可爱者"则属于价值、审美一类的问题，其方法也与求得"可信者"的方法不同。他用中国语言将哲学的理智论与价值论的不能统一作出了总结，这只有在对哲学有深刻理解的情况下才能体会到。他自己也最终放弃了哲学探索，而走向中国文学的研究道路。

国学大师章太炎（1869~1936）对达尔文进化论十分推崇，对叔本华、尼采哲学也非常欣赏。他认为，叔本华的唯意志论能启发人的意志，做到"勇猛无畏"，干一番事业，特别是尼采的"超人"哲学，与他所信奉的佛教唯识论中的"依自不依他"的精神完全一致。他呼喊，中国需要这种"径行独往"的大无畏精神。从西方思想和精神百年来的情形看，尼采是个先知式的预言家，他可以说是西方现代思想的真正起点。1900年8月25日，在世纪的转折点上，尼采的生命归于沉寂，而他的灵魂此后却一直处在西方思想和精神旋涡的核心处，虽历百年，强力依然。尼采哲学最早通过赴日留学生或在日本逗留、流亡的中国学者传入中国。梁启超1902年在《进化论革命者颉德之学说》一文中第一次把尼采传入中国。20世纪初中国那些最重要的思想家们对尼采倾注了极大的热情。王国维在 1904 年发表的《尼采氏之教育观》中称赞尼采"决非寻常学士文人所可同日而语者，实乃惊天地震古今最诚实最热心之一预言者也!"五四新文化运动主将之一的鲁迅更是信奉尼采哲学，认为尼采的唯意志论开启了 20 世纪之新精神，尼采的"超人"哲学则张扬了"个性之尊"，是个性解放的旗帜。他的"抗俗"精神则是反封建、反传统的有力武器。在"五四"前后，尼采哲学确实成了中国激进思想家的理论武器，他的"重估一切价值"的口号成为批判封建文化的宣言。1907 年，鲁迅先生留学日本时撰写《文化偏至论》《摩罗诗力说》和《破恶声论》，就是受到了在日本流行的尼采思想的影响所致。陈独秀曾多次援引尼采思想以开导和启发中国青年。新文化运动中，尼采思想受到文学界的大力推崇。郭沫若、田汉、茅盾都曾宣传过尼采的"超人"哲学。1922 年，《民铎》杂志出版"尼采专号"，广泛地介绍了尼采的学说。特别是 1923 年郭沫若译《查拉图司屈拉抄》在《创造周报》上连载发表，产生了广泛的影响。这是尼采与中国结缘的开始。在中国历史剧变和新文化运动的背景下，借助那些划时代的文化先驱、思想巨擘的大脑，尼采一开始就把他的名字烙印在了中国现代思潮的记忆中。

五四运动以后，西方哲学在中国进一步得到传播。1919 年 4 月，美国实用主义哲学家杜威（1859~1952）应北京大学的邀请来到上海，前后在奉天、直隶、山西、山东、江苏、江西、浙江、福建、湖南、湖北和广东十一省讲演一百多场，到 1920 年 7 月才离开中国。杜威到中国讲学，在学术界引起了很大反响。特别是杜威的实用主义思想经胡适等人的大力提倡，在中国成为最有影响的社会思潮，詹姆士的《实用主义》，杜威的《哲学的改造》《思维术》先后被译成中文出版。杜威讲演的内容被整理成《杜威五大讲演》正式出版。胡适、蒋梦麟、陶行知等人从各个方面宣传杜威的实用主义，并且在实践中不断运用，使实用主义的影响不断扩大。就学术层面而言，胡适不遗余力进行介绍与宣传的主要是实验主义思想及其方法，同时把这种方法贯彻到他的所有学术研究工作之中。他认为，实验主义的根本态度是不相信有一成不变的科学定律，一切所谓定律都是假设。假设是不是真理，则视其能不能发生实际效用。能发生实际效用的假设就是真理，否则便不是真理。能发生实际效用的假设对于事物的解释是令人满意的，不能发生效用的假设对于事物的解释是不能令人满意的，因此也可以说，令人满意的解释是真理，否则就不是真理。总之，真理是公认的能解释自然现象的方便假说，因此没有永久不变的绝对真理。这就是科学实验的态度。与此相应，还有历史的态度，即承认事物的变化与进化，变化是适应环境的结果，真理是应付环境的工具，因此是具体的。胡适主张哲学要应付环境，解释生活，因此很重视方法。他根据杜威哲学，将实验主义方法总结为三个步骤：一是发现问题，找出疑难；二是提出假设；三是经过实验求得解决。概言之，就是怀疑、假设、求证三环节。怀疑精神是西方的一个传统，首先由笛卡儿明确提出，并且成为理性主义的重要方法之一。胡适从实用主义那里受到启迪，主张不要相信没有证据的东西。他强调"证据"而不是理性的明晰、逻辑的一致，但基本精神有相通之处，即反对任何教条，不承认任何"权威"。怀疑是科学研究与哲学发展的根本精神。假设是从以前的经验中来的，可以有多种假设，为了解决问题，要"大胆假设"，但必须"小心求证"。他主张要找出证据，所谓"拿证据来"就是指此而言的。实验主义方法的引进，在中国学术界和整个社会产生了很大影响，在某种程度上改变了旧的学术传统，研究工作开始重视方法问题。胡适提倡用实验主义方法"整理国故"，梁启超首先支持，一批年轻学者如顾颉刚等人形成了中国历史研究中的"疑古派"，进行了大量古史考证工作，取得了重要成果。虽然他们的结论未必都正确，但新方法的运用使学术研究的面貌发生了很大变化。

1920 年梁启超、张东荪从欧洲访问归来，与上海商务印书馆负责人张元济磋商，希望他对邀请欧美名人来华讲演给予资助。张元济答应每年给梁启超等人组织的讲学社五千元，专为聘员来华讲演之用。不久，英国新实在论哲学家罗素（1873～1970）应中国讲学社和北京大学联合邀请访华。罗素于 1920年 9 月来华访问讲演，直到 1921 年 7 月告别中国，在上海、南京、长沙、北京等地做了多次讲演，受到青年学生的热烈欢迎，又一次激发起了中国哲学界对西方哲学的浓厚兴趣。罗素是现代西方分析哲学的代表人物。他将分析哲学及其方法带进了中国。我们知道，中国传统哲学向来不重视分析。分析哲学的引进自然使中国的哲学家们感到新鲜，态度自然也不相同，有的欢迎、接受，有的则有保留。但罗素来华成为中西相互了解、相互对话的又一个重要契机，使很多人开始重新思考中国哲学的前途问题。同时，罗素对中国哲学与文化也说了许多赞赏的话。在科学的问题上，他是坚定不移的理性主义者，但在情感价值问题上，他认为中国人有极高的人生理想。他来中国后发现中国人求知欲非常强烈，希望中国人能够发扬自己的优秀文化传统。此后，在中国最早全面介绍研究罗素哲学的学者是张申府（1893～1986）。张申府对罗素哲学的核心逻辑分析十分感兴趣。罗素曾说，逻辑是哲学的本质。张申府着力翻译、介绍的罗素哲学也主要是这方面的内容。他认为，凡是一种新哲学，总是有一种新方法，而罗素对哲学最伟大的贡献就是他的新方法，而不是什么新实在论、逻辑原子论、绝对多元论以及中立一元论之类。张申府认为，中国要建立新哲学，就必须要有新方法，罗素的逻辑分析方法就是最新的方法。罗素哲学方法之新，还不在于一般的逻辑分析，如西方自亚里士多德以来的传统逻辑，而在于数理逻辑的运用。用数学方法研究逻辑，用数理逻辑研究哲学问题，确实是罗素哲学的特点。张申府能够准确理解罗素哲学的特点并进行翻译、介绍和宣传，使中国哲学界了解一种新的方法，并且认识到方法问题之重要，应当是很有意义的。中国的重要哲学家冯友兰、金岳霖等人就是运用逻辑分析的方法重建中国哲学的，张申府本人也是提倡将罗素的逻辑分析方法与孔子的仁学结合起来的最早学者。

在杜威、罗素等西方著名哲学家的推动下，西方现代哲学在我国有了较深入的翻译传播。随后，国内对康德哲学、柏格森哲学的翻译和研究也逐渐多了起来。1918年，刘叔雅在《新青年》上发表了《柏格森之哲学》，对法国哲学家柏格森哲学作了全面介绍。此后，张东荪等人翻译了柏格森的原著，如《创化论》《物质与记忆》《形而上学序论》《时间与意志自由》及心理学著作《笑之研究》。梁漱溟的现代新儒学著作《东西文化及其哲学》就深受柏格森的生命哲学的影响。1922年，由罗章龙等翻译的《康德传》由中华书局出版。1924年4月22日，康德诞辰两百周年，国内报刊为此均刊登康德像，发表纪念文章。1925年的《民铎》杂志出版"康德专号"，赞扬康德的"三大批判"可以称为万世不朽，认为康德在哲学上进行的变革与哥白尼在天文学上进行的变革一样，都占有极其重要的地位。范寿康（1895~1983）撰写了《康德》《认识论浅说》等书，介绍了康德的生平思想及其哲学，是当时译介康德哲学的先行者。另一位对介绍西方哲学作出贡献的是张颐。贺麟回忆说："自从1923年，张颐先生回国主持北京大学哲学系讲授康德和黑格尔的哲学，西方古典哲学才开始真正进入了中国近代大学的哲学系。"

与此同时，1917年十月革命在俄国获得胜利，马克思主义著作随即大量地传到了中国。早在维新变法时期就有人开始对中国知识界介绍马克思的生平与思想。辛亥革命后，又有人断断续续地介绍马克思学说。朱执信写了马克思传记，并介绍了《共产党宣言》和马克思的剩余价值学说。1918年，李大钊在《新青年》发表一系列论文，系统地介绍马克思主义的哲学、政治经济学和社会革命学说。陈望道翻译的《共产党宣言》于1920年在上海出版。1928~1930年间，新翻译出版的马克思恩格斯著作有将近四十种之多。陈独秀是当时宣传马克思唯物史观的另一位重要人物。他和李大钊一样，认为唯物史观的要义是人类历史上一切制度的变化是随着经济制度的变化而变化的。根据唯物史观说明阶级斗争正是《共产党宣言》的精髓。此后，马克思主义理论在中国获得迅速的传播，影响越来越大，最终成为中国的国家意识形态。

1930年以后，中国哲学界开始进入对西方哲学的理论思考和消化吸收阶段，西方哲学的引进与中西对话也进入了一个较深层次。这时，罗素的逻辑分析哲学与方法越来越引起哲学家们的重视，当时在西方哲学中产生了重大影响的维也纳学派及其逻辑经验主义、逻辑实证主义的方法，也开始受到重视，并有人进行深入研究，其主要代表就是洪谦。洪谦是维也纳学派创始人之一石里克的学生，接受过逻辑实证主义的严格训练，可以说是逻辑实证主义在中国的代表。石里克（1882～1936）是德国哲学家、物理学家，逻辑实证主义维也纳学派的主要创始人。石里克认为哲学不是科学，不是一种知识体系，而是确定和发现命题意义的活动。他强调，凡是在原则上不可证实的陈述，都是应当排除的形而上学的陈述。因此，唯物主义和唯心主义的全部争论在他看来都是毫无意义的。一切科学知识的最终的基础就是那些描述此时此地知觉并与一定手势相联系的基本命题。他还主张一种有经验根据的幸福论，并把"增进你的幸福"作为一种伦理学的基本原则。他著有《普通认识论》和《自然哲学》。洪谦曾发表一系列文章介绍石里克的思想，并出版《维也纳学派》一书，系统介绍和宣传逻辑实证主义的基本观念与方法，在国内产生了重要影响。由于他是身在其中、深入其内地进行介绍，所以他的著作能够使人了解维也纳学派的原貌，从中吸取各种精神营养。冯友兰在建立"新理学"的形而上学体系时吸收了维也纳学派的分析方法。冯友兰运用逻辑分析方法重建形而上学的尝试，是中国哲学家进行中西融合的一次可贵的努力，也留下了很多值得总结的经验。

　　与此同时，具有思辨色彩的康德、黑格尔哲学开始被系统地介绍进来，并且出现了深入地进行研究的局面，这在西方哲学传播的过程中占有重要地位。康德哲学如前所说，早就有人介绍过，但总的来说，还处于浅层接触的状态。梁启超曾把康德哲学与佛教唯识学以及王阳明良知说进行比较，王国维则由康德进到叔本华研究，蔡元培也介绍过康德的哲学与美学思想，提出以美育代宗教的主张。但从学理上对康德哲学进行系统研究的要算郑昕。黑格尔哲学的传入有两个途径，一是随着马克思主义哲学的传入而传入，一是通过哲学家的翻译与介绍被国人所了解。就后者而言，北京大学哲学系主任、中国首位牛津大学博士张颐（1887~1969）是第一个系统介绍黑格尔哲学的中国学者，但真正对黑格尔哲学进行系统研究和介绍并且作出了重要成就的人物是贺麟。贺麟从黑格尔的《精神现象学》入手，接着对《小逻辑》进行翻译与讲解，付出了辛勤劳动，并获得了重大成果，成为中国研究黑格尔哲学的首席专家。贺麟对黑格尔哲学的研究，不只是揭示其理论体系，而且重视其理论意义和价值。他认为，矛盾法则是黑格尔哲学的最大特点，而历史感是黑格尔哲学的最大成就。黑格尔所说的"理性的技巧"体现了历史发展的理性原则，将历史视为理性自身实现的过程。贺麟十分重视黑格尔哲学与中国哲学的比较与贯通。他撰写的《朱熹与黑格尔太极说之比较观》一文将"太极"翻译成黑格尔的"绝对观念"，认为"太极"是朱熹和黑格尔共同的基本概念。这种比较体现了他走中西会通的学术道路的愿望。贺麟之所以孜孜不倦地研究黑格尔哲学，一方面是个人对义理的研究兴趣，更主要的是对黑格尔哲学中的生命的激情、严谨的逻辑思维、深沉的历史使命感、追求永恒和超越有限的精神生活，以及对历史文化的高度重视，这些都能在中国产生"振聋起顽"、唤醒民族精神的影响力。

## 二、传播西学的贡献

### 学术成就

1931 年 8 月，贺麟回国。9 月，贺麟由数学家杨武之教授推荐，受聘为北京大学哲学系讲师，主讲"哲学问题""西方现代哲学""伦理学"等课程。不久，在吴宓陪同下，贺麟拜访了时任清华大学文学院院长兼哲学系主任的冯友兰教授。冯友兰（1895~1990）是中国现代著名哲学家、哲学史家，现代新儒家的重要代表人物。冯友兰早年留学美国，获得哥伦比亚大学哲学博士学位，他早期信奉罗素的新实在主义，并主张把新实在主义与儒家程朱理学结合起来，重建中国文化。清华学校 1925 年设立了新制大学部，开始招收大学一年级学生，并创建了国学研究院，由吴宓任主任。冯友兰邀请了著名的"四大导师"梁启超、王国维、陈寅恪、赵元任在此任教。1928 年 8月清华学校改建成国立清华大学。冯友兰开始担任清华大学文学院院长兼哲学系主任。贺麟回国后，冯友兰邀请贺麟在清华大学开课，讲授"西洋哲学史""斯宾诺莎哲学"两门课程，每周四小时。贺麟讲课的最大特点是声情并茂、情理交融。作为哲学教育家，他时常牢记当年怀特海对他的教诲："我们不要以学习的态度去研究哲学史，要如同研究现在的实实在在的事情一样去研究它。"贺麟把哲学史看成是有生命的，既注重实在知识的讲授，又加入自身的感受与体验。因此他的讲课深入浅出，语言生动，如行云流水，引人入胜，深受学生的欢迎。在此后的半个世纪里，贺麟始终都以饱满的热情、旺盛的精力全身心地投入到西方哲学的教学、研究活动以及中西哲学的会通和融合的探索活动中。九一八事变后，他又积极投身于民族救亡的历史洪流之中，通过在报刊上发表文章、在学校和政府机构发表演讲等方式激发民族精神，为中华民族的复兴和解放奔走呼号。在哲学思想上，贺麟主要从事西学东渐工作，同时探索儒家思想现代化的途径。他希望通过进行大量的翻译和解释工作，把西方近现代哲学，尤其是欧洲大陆的理性主义和德国古典哲学传播到中国来。同时，他希望依照"中体西用"的文化模式来阐发儒家思想的现代价值，为中国的现代化提供思想理论基础。

从 1931 年回国到 1945 年抗日战争胜利，是贺麟学术思想的黄金时期，是贺麟的学术生命最为昂扬、思想最为活跃、收获最为丰厚的时期。1932 年，贺麟被北京大学聘为副教授。1932 年，贺麟应北京燕京大学学生会代表许宝骙的邀请，作题为《论意志自由》的演讲，此乃贺麟回国后的初次讲演，在座者有现代新儒家张君劢等。演讲词后来以《我之意志自由观》为名，刊于《大公报·现代思潮》第 36、38 期。1932 年 11 月，贺麟在《大公报·文学副刊》发表文章《大哲学家斯宾诺莎逝世三百年纪念》，介绍了斯宾诺莎的哲学思想和历史贡献。不久又译出了斯宾诺莎《伦理学》的第一、二部分作为教材。1933 年 1 月 23 日，他发表《斯宾诺莎的生平及其学说概要》（《大公报·文学副刊》第 264 期）。3 月，又发表《黑格尔之为人及其学说概要》，介绍黑格尔的哲学思想。1934 年 3 月，贺麟的《近代唯心论简释》发表于《大公报·现代思潮》周刊，1942 年由重庆独立出版社出版单行本。《近代唯心论简释》是贺麟哲学思想的宣言。他试图从中西哲学融合的角度把握近代西方唯心论哲学的本质。他在该文章里声称自己"由梁漱溟先生的直觉说，进而追溯到宋明儒的直觉说，且更推广去研究西洋哲学家对于直觉的说法"。他提出了理智与直觉辩证统一的哲学方法，主张把直觉辩证法化，又把辩证法直觉化，促使理智与直觉达到沟通与融合。《近代唯心论简释》的发表标志着贺麟创立"新心学"的开端。贺麟此后的许多文章都是此文所阐述的基本思想的扩充与引申。11 月，贺麟又发表《从叔本华到尼采》一文，介绍德国叔本华、尼采的哲学思想。1935 年 4 月 13~14 日，汤用彤、冯友兰、金岳霖等哲学界同仁发起成立中国哲学会，并在北京大学举行第一届哲学年会，贺麟在第一届年会上当选为理事兼秘书。1936 年，贺麟任北京大学教授，发表《康德名词的解释和学说的概要》。同时，他将早在美国时就已译出的鲁一士《近代唯心论演讲集》中关于黑格尔《精神现象学》的几章以《黑格尔学术》为名，与另一本由开尔德撰写的介绍黑格尔的著作《黑格尔》同时翻译出版。1937 年 1 月，贺麟在南京参加中国哲学会第三届年会，当选为学会常务理事，与金岳霖、冯友兰共同主持学会日常工作，贺麟还兼任中国哲学会西洋哲学名著翻译委员会主任。这年 3 月，金岳霖与贺麟等人发起组织逻辑学研究会。1937 年，北京大学、清华大学、南开大学联合迁往昆明，改名为西南联合大学。贺麟随文学院迁至离昆明三百多公里的蒙自县，执教于哲学心理系。1940 年，贺麟在黄山别墅见到了蒋介石，借此机会提出"西洋哲学名著翻译委员会"的经费问题，蒋介石答应拨款。1943 年，贺麟翻译的斯宾诺莎的《致知篇》出版。同年，贺麟为西南联大学生讲授"黑格尔理则学"。所谓"理则学"，通常译作"逻辑学"。贺麟将樊星南所作记录整理成单行本，书名定为《黑格尔理则学简述》。该文后收入贺麟的《黑格尔哲学讲演集》。1945 年，贺麟这样反省："我们学习西方哲学的经过，仍然是先从外表、边缘、实用方面着手。功利主义，实证主义，实验主义，生机主义，尼采的超人主义，马克思的辩证唯物论，英美新实在论，维也纳学派，等等，五花八门，皆已应有尽有，然而代表西方哲学最高潮，须要高度的精神努力才可以把握住的哲学，从苏格拉底到亚里士多德，从康德到黑格尔两时期的哲学，却仍寂然少人问津。"他认为，中国人急功近利的习性使得现代学人太看重哲学的有用性，因而远离了西方哲学的思想性高峰。

1946 年 10 月，西南联大撤销，贺麟随北大返回北平。从 1947 年下半年开始，贺麟为北大学生讲授"现代西方哲学"课程。学生肖辉楷聆听了贺麟的这门课程，并做了详细的笔记，他将记录稿整理好后交给贺麟，贺麟将其保存于匣箧中三十余年，1984 年作为《现代西方哲学讲演集》的上篇由上海人民出版社出版。他在西南联大时领导的"外国哲学编译委员会"在短短的几年间共组织翻译了二十多种外国哲学名著。他在学术翻译上屡有建树，颇有声望，在 20 世纪 40 年代已是国内首屈一指的学术著作翻译家。他的翻译工作对增进我国学术界对西方哲学的了解，促进中西哲学的交流与我国哲学的发展发挥了巨大、积极的作用。

1949 年，北京和平解放。贺麟拒绝国民党的再三邀请，决定留在北京大学迎接新中国。1955 年，贺麟由北京大学调至中国科学院哲学社会科学部哲学研究所（今中国社会科学院哲学研究所），任西方哲学史组组长、研究室主任、一级研究员，直至去世。在贺麟一生繁忙的教学和研究工作之余，他翻译、介绍了大量的西方哲学著作，为西方哲学在中国的传播作出了重要贡献。

## 黑格尔哲学与现代中国

关于西方哲学史，黑格尔是中国学界了解最多、最全面的哲学家，也是对中国学界影响最深远的哲学家。但如果单纯从学术思想传播的角度来看，黑格尔哲学进入中国并且在中国学界产生实际影响的时间并不算早。据贺麟先生考证，马君武 1903 年发表在《新民丛报》第 28 期上的《唯心派巨子黑智儿学说》是我国学者讨论黑格尔哲学的第一篇文章。但在 20 世纪初的 30 年里，中国学界只发表过三篇讨论黑格尔的文章。直到进入 20 世纪 30 年代之后，这种情形才发生实质性改变。1931 年，为了纪念黑格尔逝世 100 周年，在瞿菊农倡导下，《哲学评论》五卷一期刊发了黑格尔专号，收录了张君劢、贺麟、瞿菊农、朱光潜等当时中国黑格尔哲学研究者的文章。同一年，中国最早的黑格尔哲学专家张颐与当时著名的哲学家张君劢在《大公报》和《北平晨报》上就黑格尔哲学名词译法及如何理解黑格尔哲学展开辩论，大大吸引了中国学界对黑格尔哲学的关注。接着，中国的黑格尔哲学研究渐成气候，产生了郭本道、周谷城、张铭鼎、贺麟等一批著名的黑格尔研究者，他们在翻译、介绍和研究黑格尔哲学方面起了重要作用。在他们的艰苦努力下，黑格尔哲学对中国学术界也产生了重大影响。

首先，黑格尔哲学作为马克思主义哲学的重要理论源泉，其辩证法思想对马克思主义理论体系的建立具有重要贡献。黑格尔在他的宏大哲学体系中全面而彻底地阐明并且自始至终地贯彻了辩证法思想。自从黑格尔辩证法思想诞生以来，虽然一直受到来自诸如存在主义、逻辑实证主义、分析哲学、语言哲学、现象学、解释学、解构主义、后现代主义等不同哲学流派的攻击，但它仍然是最受中国学术界认可的西方核心哲学成果之一。中国化马克思主义也正是在辩证法这一核心思想上从黑格尔那里汲取了丰富的思想资源。在今天，持有一种联系、发展、进步、全面、对立统一、质变量变、否定之否定的辩证法思想，已经成为中国人的基本常识。

其次，正是黑格尔把一种厚重的人类社会发展观和进步观、一种厚重的历史感传授给了整个人类，也传授给了中国学术界，进而传授给了广大的中国民众。我们今天经常说的一些话，比如，"要历史地看问题""要历史地看一个人""要历史地看一件事""要追求历史与逻辑的统一"等等，都是受到了黑格尔这种凝重的历史感的影响。这是一种对待人类历史，也是对待人类自身的根本态度。这种对待人类历史的自我意识，在黑格尔哲学中得到了深入的探讨和揭示。

第三，黑格尔哲学是一种既充满理性又讲究实践的哲学。黑格尔哲学不是单纯的形而上学思辨，而具有对当时社会现实的深切关照。黑格尔哲学既是法国大革命的产物，也是德国"狂飙突进"运动的产物，既是德国古典哲学的逻辑结果，又是德国文化传统的重要环节，具有既深入现实又超越现实的品质。黑格尔哲学能激起读者对自己祖国的文化、历史、传统的热爱和反省，激起读者对民族传统文化的历史追溯和重新叙事，在宏大的哲学叙事中，重新塑造本民族的民族精神。黑格尔提出的哲学是对时代的精神把握即"哲学是时代精神的精华"的见解，在今天仍然深深地打动着中国学者的心灵。这种哲学与中国传统文化中的"身体力行""亲身体证""经世致用"等务实精神相吻合。著名的黑格尔哲学命题，"凡是现实的，都是合理的；凡是合理的，都是现实的"，持久地激荡着中国学界。这种思想给予人的不仅是一种研究问题的方法，而且是一种看待事物的态度。它与我们一再提倡的，也是为中国普通民众广泛接受的"实事求是"的处世态度有异曲同工之妙。

第四，黑格尔哲学是一种充满了爱国主义精神和革命激情的哲学，具有鲜明的与时俱进的时代特色。所以，正如有学者评论的那样："黑格尔到哪个国家早，就对那个国家早有帮助，那个国家的文化就会早兴盛。"在黑格尔哲学中，既埋藏着充满革命激情的种子，更有寻求和解的勇气。在《精神现象学》一书中，革命的激情得到了充分的张扬。而在《法哲学原理》一书中，和解的勇气得到了充分的体现。这使得他的哲学著作能够满足不同时代的不同需要。在今天，它们仍然是中国学术谋求中国现代社会发展和建设和谐社会之道而反复参照的重要文献。

总之，在近现代中外思想交流史上，黑格尔是决定性地影响现代中国人思维方式的重要哲学家之一，黑格尔著作是最受中国学界关注和研究的著作之一。如果以《精神现象学》在1807年出版作为黑格尔哲学诞生的标志，那么它已有足足两百年的历史了。两百年前的一种哲学仍然受到中国学界的如此热爱，表明了这种哲学的顽强生命力，也表明了这种哲学的持久魅力。

## 黑格尔哲学一代宗师

贺麟是中国现代哲学史上第一位系统全面地研究介绍黑格尔哲学的中国哲学家、中国最杰出的黑格尔哲学研究家和翻译家，堪称黑格尔哲学在中国的一代宗师。贺麟在德国柏林大学留学期间就已经对黑格尔哲学有了很深的研究和思考。他留学回国以后，继续传播德国古典哲学，尤其是黑格尔哲学。新中国成立以后，贺麟一方面努力学习马克思主义哲学理论，不断改造自己的人生观和世界观，在思想上接受了马克思主义信仰，同时继续从事黑格尔的哲学思想与著作的翻译、介绍和教学工作，翻译和介绍了黑格尔的主要哲学著作，培养了一大批研究西方哲学的后起之秀。

早在1941年，贺麟就开始对黑格尔的重要著作《小逻辑》进行翻译，但因外务纷扰、工作不集中，进展很慢。《黑格尔理则学简述》一书集中体现了贺麟在20世纪40年代对黑格尔《小逻辑》进行研究的重要成果。1949年国庆时，贺麟终于将黑格尔的《小逻辑》全书翻译完毕，成为给新中国诞生的献礼。1950年10月，贺麟所译黑格尔的《小逻辑》由上海商务印书馆出版。1951年4月2日，贺麟在《光明日报》发表《参加土改改变了我的思想——启发了我对辩证唯物论的新理解和对唯心论的批判》一文，公开表示赞同唯物论，并批判了唯心论的错误观点，其哲学信仰开始转变。他在文章中谈到，只有通过社会实践的锤炼，思想才会有力量；从概念到概念的思想是贫乏无力的。1954年7月，《小逻辑》由上海三联书店出版，贺麟专门为译本加了长序。《小逻辑》中译本的问世，可以说是贺麟成为新中国黑格尔哲学研究一代宗师的一个永放光芒的标志。1955年11月，贺麟译的马克思《黑格尔辩证法和哲学一般的批判》一书由人民出版社出版。1956年6月，他在《哲学研究》第3期发表《为什么要有宣传唯心主义的自由？——对百家争鸣政策的一些体会》（署名贺麟、陈修斋）。这是贺麟5月26日在怀仁堂听取当时的中宣部部长陆定一代表党中央做的关于"百花齐放，百家争鸣"报告后的一些体会。该文由陈修斋执笔，但代表了贺麟的观点和立场。8月，贺麟发表《黑格尔关于辩证逻辑与形式逻辑的关系的理论》（署名贺麟、张世英）。1956年秋到1957年春，贺麟在中国人民大学讲授黑格尔的《小逻辑》，讲稿后收入《黑格尔哲学讲演集》。1957年1月，贺麟根据在中国人民大学讲授黑格尔唯心主义哲学的教学实践，写成《讲授唯心主义课程的一些体会》。1957年4月11日上午，毛泽东在中南海丰泽园接见周谷城、胡绳、金岳霖、冯友兰、贺麟、郑昕、费孝通、王方名、黄顺基等十人，并共进午餐，饭后又谈到三点多钟。贺麟根据同毛泽东的谈话精神写了《必须集中反对教条主义》，在《人民日报》发表。

　　1957年以后，贺麟的学术重点主要放在翻译和客观介绍西方黑格尔哲学上面，学术锋芒逐渐消减。此后二十多年时间里，贺麟重新翻译黑格尔《小逻辑》，译黑格尔所著《康德哲学论述》，与王太庆合译黑格尔《哲学史讲演录》（共四卷），与王玖兴合译《精神现象学》，先后在商务印书馆出版。1979年6月，贺麟作为中国社会科学院访日代表团的成员去日本作学术访问。在西方哲学座谈会上，贺麟两次对斯宾诺莎的身心平行论思想作了择要讲述，日本友人颇感兴趣。8月，贺麟作为中国代表团的团长，率团参加在南斯拉夫贝尔格莱德大学举行的国际黑格尔哲学第十三届年会，做了题为《黑格尔的同一、差别和矛盾诸逻辑范畴的辩证发展》的发言。发言稿后刊于《哲学研究》1979年第12期，并以英文载入《黑格尔年鉴》。1980年3月，贺麟发表《康德黑格尔哲学东渐记》。1981年，中华全国外国哲学史学会正式成立并召开第一届第一次理事会议，八十岁的贺麟当选为名誉会长。贺麟出席会议并作了《我对哲学的态度》的讲话。8月12日，《黑格尔全集》编辑委员会成立，贺麟任名誉主任委员。9月，北京召开纪念康德《纯粹理性批判》出版两百周年、黑格尔逝世一百五十周年学术讨论会，贺麟在会上讲了康德和黑格尔哲学对世界文化和哲学的意义。1982年，贺麟被批准加入中国共产党，同年发表《黑格尔的艺术哲学》。1983年，贺麟为马克思逝世一百周年而写《马克思的早期哲学思想》一文。1984年10月至11月，贺麟应香港中文大学新亚书院之邀至港讲学，内容包括黑格尔哲学、宋明理学。回北京后，贺麟撰写了《唐君毅先生早期哲学思想》一文。1984年12月，贺麟出席在上海召开的全国东西方文化比较讨论会。为纪念费希特逝世一百八十周年，贺麟完成《费希特的唯心主义和辩证法思想述评》《费希特的爱国主义和民主思想》。1985年，贺麟先后应邀至四川大学哲学系、西南师范学院哲学系、武汉大学哲学系讲学。

1986年10月，为了纪念贺麟从事教学、研究工作55周年，中国社会科学院哲学研究所、北京大学哲学系等单位联合在北京举行了"贺麟学术思想讨论会"，国内外三百余名专家、学者出席了会议。与会者一方面对贺麟一生教书育人的学者生涯给予了极高的评价，另一方面也对他的哲学思想及翻译、研究进行了多方面的探讨和系统的总结，并作出了极高的评价和充分的肯定。1988年12月，贺麟的著作《文化与人生》由商务印书馆出版。与1947年的旧版相比，新版在内容和文章题目上均有变动。同年，贺麟译著《黑格尔早期神学著作》由商务印书馆出版。年底，西洋哲学名著研究编译会成立，贺麟任名誉会长。1989年，贺麟的著作《五十年来的中国哲学》由辽宁教育出版社出版。此书系《当代中国哲学》之再版本，不但改换了书名，而且在不影响原书的体系及主要论点的前提下，作了适当的修改和补充。该书还荣获了"光明杯"优秀哲学社会科学著作荣誉奖。同年7月，《德国三大哲人歌德、黑格尔、费希特的爱国主义》（原名《德国三大哲人处国难时之态度》）由商务印书馆出版，新版附作者新作《黑格尔评传》，书中介绍了三大哲人的生平和思想，对他们的爱国主义思想和言论作了详细的叙述。1990年，贺麟的《哲学与哲学史论文集》由商务印书馆出版，该书搜集了贺麟主要的哲学研究成果。1992年7月，张学智所著《贺麟》作为"世界哲学家"丛书之一，由台北东大图书公司出版。这是系统研究贺麟思想的第一部专著，详细介绍了贺麟各个阶段的思想及其演变，并且分别进行了深入考察。

## 三、爱国主义精神

### 学术救国的理想信念

作为一代哲人，贺麟终生都在追求真理，特别崇尚并努力维护学术的自由、独立与尊严。他坚信，如果学术失掉了独立自由，就等于丧失了它的本质和它伟大的使命。因此，他坚决反对政治御用学术作工具，大力提倡"纯学术的兴趣"，认为真正的学者态度应是"为学问而学问，为真理而真理"。然而，他并不反对学术发挥其应有的社会功用，提出学术与政治在相互尊重、互不侵犯的前提下，密切联系、分工合作，来改良政治，推进社会。他说："政治没有学术作体，就是没有灵魂的躯壳，学术没有政治作用，就是少数人支离空疏的玩物。"他认为求得学术之真，必定产生学术之用，只有伟大的学术才能成就伟大的事业，而唯有抱着学者的超然态度，才是真正尊崇学术，才可以真正发挥学术的超功利之功用。为此，贺麟大力倡导一种"超然的政治兴趣"，即学者有其独立政治信仰，又个做官员的附庸工具，密切关注时政的发展，帮助和监督政府，推进政治走向民主化。他一再强调，一个现代学者关注并效力于政治，既是其权利，也是其责任，因为学者也是国民一分子，他也有政治上的权利与义务，政治的成败得失与他本人也休戚相关，因此关心国事是每一个知识分子分内的事情。正因为贺麟有这种清醒的认识与理性的自觉，他在自己的治学生涯中从未远离现实，而是深切关怀时局，时刻不忘用学术报效祖国，拯救多灾多难的民族。

贺麟纯正的学术旨趣与其宏伟的救国志向两者相融为一体，互相支持，互相激发。他早年无视家人异议而选择具有超功利色彩的哲学专业，就是因为他意识到"只有哲学才能逻辑地、辩证地把握真理，也就是最高度地把握真理、体现时代精神的精华"。他认为哲学是时代精神的集中体现，把哲学思想看作化解社会矛盾、拯救时代危机的最为强大的真实力量。他总结近代中国哲学发展历程时指出："这五十年来特别使得国人求知欲强烈的原因，是由于大家认为哲学的知识或思想，不是空疏虚幻的玄想，不是太平盛世的点缀，不是博取科第的工具，不是个人智巧的卖弄，而是应付并调整个人以及民族生活上、文化上、精神上的危机和矛盾的利器。哲学的知识和思想因此被认为是一种实际力量——一种改革生活、思想和文化的实际力量。"贺麟对近代学术的总结加深了他对时代和民族危机的认识、对学术文化功能的理解。因此，对于当时正蓬勃兴盛的唯物主义哲学思潮，他给予了中肯的批判，认为它忽略了民族性和民族精神的强大力量。他说，如果把中华民族复兴问题单纯看成是一个经济问题，不仅忽略了事实，也忽略了民族复兴的根本要义。他极力强调中华民族精神的重要价值，公开标榜自己的唯心主义信仰，并用心研究、大力阐扬具有民族性特色、有助于发扬民族优良传统和建立强大民族精神的黑格尔哲学和陆王心学。

在西方唯心论哲学研究中，贺麟译述最多、研究最力的是黑格尔学说。他之钻研黑格尔哲学，固然是其求取真学问的学术兴趣所使然，但这种个人的学问兴趣还不是他希望将黑格尔哲学精神早日传播到中国来的根本原因。黑格尔哲学的内容和精神让贺麟心驰神往，而当他发现自己所处的时代与黑格尔的时代从政治形势到学术文艺都极其相似时，他就更加坚信黑格尔哲学是拯救和复兴中华民族的一剂精神灵丹妙药。贺麟认为，黑格尔哲学作为时代精神的精华，它的辩证法思想是个人或民族转弱为强、转败为胜的内在动力；它对民族历史文化的重视和对精神生活的强调，最能唤醒落后民族的民族精神，鼓舞人们的斗志。他说："我之所以钻研黑格尔哲学，与其说是个人的兴趣，还不如说是基于对时代的认识。黑格尔学说传到哪个国家早，就对哪个国家早有帮助，哪个国家的文化就会早兴盛。黑格尔的学说对于解答我们时代的问题实在有足以供我们借鉴的地方。"又说："黑格尔之有内容、有生命、有历史感的逻辑，和他分析调解矛盾、征服冲突的逻辑思辨方法，及其注重民族历史文化、注重追求超越有限的精神和思想实足以振聋起顽，可以唤醒中华民族精神的自觉与振兴，对于我们民族性与民族文化的发展具有重要裨益，能够使我们既不舍己从人，亦不故步自封，而是依照事物的本质和原理去自求超越，自求发展，而臻于理想境界。"

在中国古典哲学研究中，贺麟最倾心于宋明理学，对陆九渊、王阳明的心学情有独钟。他充分肯定宋明理学对中华民族复兴作出的巨大历史功绩。他阐发了宋明理学中蕴含的热爱中华民族、热爱中华文化的伟大思想，深刻揭示其民族性质及其时代意义。他说："这些宋明道学家当国家衰亡之时，他们并不似犹太学者，不顾祖国存亡，只知讲学。他们尚在那里提倡民族气节，愿意为祖国而死，以保个人节操和民族正气。且于他们思想学说里，暗寓尊王攘夷的春秋大义，散布恢复民族、复兴文化的种子。在某种意义下，宋明儒之学，可视为民族哲学，为发扬民族、复兴民族所须发挥光大之学。"因此，当贺麟回顾和总结近代中国哲学的发展历程时，竟完全把中国近代哲学史描述成一部宋明学说尤其是陆王心学的复兴史。他分析认为在那既无旧传统可以遵循，又无外来标准可资模拟的时代，只有"凡事自问良知，求内心之所安，提契自己的精神以应付瞬息万变之环境"的宋明心性学说，可作新人生观、新宇宙观、甚至于建国的新基础。贺麟承继了宋明思想探讨知行学说亦是出于以"新心学"来救世救国的良苦用心。

## 学者报国与文化抗战

贺麟不仅是一位学兼中西的哲学家、翻译家、教育家，而且是一位具有强烈爱国主义精神的很有血性的爱国学者。1931年，留学五年的贺麟刚刚回到北平不久，日本帝国主义就悍然发动九一八事变，占领了我国东三省，从此烽火相连，国难紧逼。贺麟有感于中华民族危亡，中国文化衰颓的时局，忠实地实践自己"学术救国"的理想和信念，通过撰写文章以激励国内学人的救国壮志与豪情。

九一八事变之后，在中国面临日军侵略的危急关头，贺麟接受《大公报·文学副刊》编辑吴宓的邀请，作了长篇论文《德国三大哲人处国难时之态度》，分七期连载于《大公报》，介绍歌德、费希特、黑格尔的爱国主义精神，讲述德国三大哲人在拿破仑铁蹄蹂躏德国时各自壮怀激烈的言语行事，表彰他们炽烈的爱国热情、勇敢的救国行动和铸造民族精神的理论贡献，希望以此作为激励国人爱国思想的兴奋剂，奋起抵御外侮。贺麟在这篇文章里慷慨激昂，激扬文字，热情宣传爱国主义思想，呼唤民族的觉醒，鼓舞抗战士气，对抗战起到了积极的宣传作用。吴宓特加按语说："当此国难横来，民族屈辱之际，凡为中国国民者，无分男女老少，应当憬然知所以自处。百年前之德国，蹂躏于拿破仑铁蹄之下，其时文士哲人，莫不痛愤警策。惟以各人性情境遇不同，故其态度亦异。而歌德、费希特、黑格尔之行事，壮烈诚挚，尤足发聋振聩，为吾侪之所取法。故特约请北京大学哲学系讲师贺麟君撰述此篇。"贺麟多年在国外学习德国古典哲学，他以此文来尽一个中国学人的职责，受到各界的欢迎。特别是贺麟介绍的费希特的爱国主义精神具有感人至深的力量，对中国知识分子产生了很大影响。

贺麟在文中讲到费希特时说，1806 年 9 月，英国、俄国、普鲁士和瑞典结成第四次反法同盟。普鲁士不待同盟各国做好军事准备，就于同年 10 月 1 日向法国提出最后通牒，要求法军撤过莱茵河。拿破仑拒绝普鲁士的要求，并出兵侵入图林根，继而侵入普鲁士。10 月 14 日，在耶拿-奥尔斯泰特战役中，法军击溃了普军。当拿破仑兵临普鲁士时，费希特主动要求随军当宣讲员，为此准备了《告军人》的演讲词。此愿为普鲁士王很轻佻地拒绝，费希特连当一个宣讲员的资格都没有获得。法军进入柏林后，费希特出逃，于次年 8 月和议后回到柏林。如贺麟所说，费希特就好像被什么天神鼓舞着似的，一心一意献身国家，寻一死所。当时的出版商帕尔姆因发行爱国小册子《深受屈辱的德意志》而被法军枪毙，费希特却毫无畏惧，对劝阻他的友人说："现在紧要的事情是使国民自强奋发，至于我个人的危险，何足计较?! ……假若我因此而遭不测，使我的家庭、我的儿子有一个殉国的好父亲，我的国家，多一个好公民，那倒是我求之不得的呢!"自 1807 年 12 月 13 日起到次年 3 月 20 日，费希特在法国军队包围之中公开发表《告德意志国民》演讲，号召国民接受"熊熊的爱国主义烈火"的考验。1812 年，法军衰象展露，普军乘势图谋恢复，费希特再次要求当宣讲员而不得，只得以曾任柏林大学校长的声望与地位而参加后备军训练处的操演，并再度在大学做《战争的意义》的讲演。费希特死于 1814 年 1 月 27 日夜间，既是殉职，也是殉国。1934 年，贺麟的《德国三大哲人处国难时之态度》一书由大学出版社出版。这是他的第一本书。虽然在抗日战争时期贺麟的学术仍然循其自身的理路和规范，但他的作品的确体现了他作为一个学者的拳拳爱国之心，符合中国社会的迫切要求。他深入思考了一个哲学人如何贡献于民族复兴大业的问题。此书有两个层面的意义：一是介绍德国三大哲人处国难时的态度，激发民族大义，为抗战服务；二是要表明哲人爱国不在于拿起刀枪效命沙场，也不在发传单做讲演，而是以学术文化上的努力从事民族精神的建设与提升。相比较而言，第二义才是他的重心所寄，这是他对国难时节哲学研究所作的合理性论证。也正因为如此，贺麟后来相当重视德国古典哲学与宋明儒学的融会，以重建中国人文思想。吴宓在刊于《大公报》的贺麟的论文的按语中说："黑格尔之学，精深博大。为近世正宗哲学之中坚。今贺麟君此篇虽为叙述黑格尔处国难时之态度而作，其中已将黑格尔之性行及其学说之大纲及精义，陈说略备。且黑格尔之学夙已研之深而信之笃。更取中国古圣及宋儒之思想比较参证，融会贯通。期建立新说，以为今日中国之指箴。"这是对贺麟思想的最好总结。1989 年，《德国三大哲人处困难时之态度》略加增删后以《德国三大哲人的爱国主义》为名再版。

在抗战期间，贺麟把学术视为抗战建国的一部分，把哲人爱国的最佳方式理解为提升中华民族文化，振奋中华民族精神。抗日战争期间，他撰写《近代唯心论简释》《文化与人生》《中国当代哲学》等著作，站在积极推进中西文化交流的高度，深入研究中国传统哲学，同时主张有分析地吸取西方哲学中的优秀思想成果，作为推动中国文化实现现代化的重要精神源泉。贺麟试图从中华民族文化资源中寻找使中华民族转弱为强和转败为胜的强大理论武器，为此提出了文化抗战、精神抗战、学术救国、学术建国等口号和理论。他在学术研究中大力宣扬爱国主义精神，着力于中华民族文化的深层次开拓，所提出的一些问题和见解至今仍有重要启迪意义。

贺麟认为近百年的中华民族危机从本质上看是一种文化的危机。中国百年来受异族侵凌，国势不振，根本原因还是学术文化不如人。因此，要强国御侮、振兴民族，必须依靠民族文化的复兴和民族精神的张扬。他说："我们抗战的真正最后胜利，必是文化学术的胜利，我们真正完成的建国，必是建筑在对于新文化、新学术各方面各部门的研究、把握、创造、发展、应用上，换言之，必应是学术的建国。"他特别指出，以经济落后、军备薄弱的中国，与军力雄厚、世界上第一等强国的日本作战，要获取最后的胜利，除了军事抗战、经济抗战外，更有必要进行精神抗战、道德抗战、人格抗战、学术文化的抗战，而中国有着数千年深厚的文化基础，中华民族是一个深受学术陶养的民族，这种深厚的民族精神背景和普遍的学术文化基础，为当前的抗战和建国提供了根本保障，已绝非任何机械的武力、外来的政治所能屈服的。为此他强烈呼吁："我们要设法尽量动员我们的精神力量，发扬我们的民族的固有美德，以从事抗战，使我们在这长期战争中转恶为善，转不幸为幸，转祸为福，将现代化的新中国建立起来。"

贺麟进而指出，文化抗战、学术建国的具体内容在于复兴中华民族的传统文化。他说："一个民族的复兴，即是那一个民族学术文化的复兴。一个国家的建国，本质上必是一个创进的学术文化的建国。"因此，他在倡导"以精神或理性为体，以古今中外文化为用"的文化观的同时，又格外强调树立中华文化的主体意识，并以中华文化的主体意识作为自己文化观的出发点，提出"以儒家思想为体，以西洋文化为用""以民族精神为体，以西洋文化为用"两个新说法，并反对被动的"西化"主张，主张主动地"化西"。他说："如中华民族是自由自主、有理性有精神的民族，是能够继承先人遗产，应付文化危机的民族，则儒化西洋文化，华化西洋文化也是可能。如果中华民族不能以儒家思想或民族精神为主体去儒化或华化西洋文化，则中国将失掉文化上的自主权，而陷于文化上的殖民地。"热爱中华民族的言辞之恳切，溢于言表。贺麟认为，中华民族文化的复兴具体即指儒家思想文化的复兴与开新，这样就将儒家思想的命运与中华民族的前途紧紧连在了一起，所以他专门探讨了五四运动"打倒孔家店"以后儒家思想的新发展问题，并指出了融会吸收西洋文化之精华来推进儒家思想新开展的途径，以应付新的文化发展趋势。"五四"时期，儒家的三纲五常被指为"吃人"的礼教而大受批判与否定，贺麟则从新的时代需要出发，作出新的评价。他认为，在抗战中，伟大的健全的政治军事信仰，必有其深厚的传统信仰与宗教道德信仰的基础，因此，要取得抗战的最后胜利和民族的迅速复兴，必须对中华民族文化、传统礼教和旧的伦理道德等加以自觉的发挥和理性的整合，而数千年来支配中国人道德生活最有力量的三纲五常，作为中华礼教的核心，作为维系中华民族的群体的纽带，实有加以检讨并从中推阐出最新的近代精神的必要。所以，贺麟承继了宋明儒家扶持纲常名教的学风，专门撰写了《五伦观念的新检讨》，对三纲五常作出新的解释和肯定。他指出："现在已不是消极地破坏攻击三纲说的死躯壳的时候，而是积极地把握住三纲说的真义，加以新的解释与发挥，以建设新的行为规范和准则的时期了。"在全民族团结一致抵抗日寇的特殊时代中，贺麟重倡儒家"纲常"思想，其维护民族群体的良苦用心显而易见。

贺麟强烈的救国理想与坚定的学术志向使他在政治时局面前无法保持沉默。1938 年，他在西南联大先后发表了《新道德的动向》《抗战建国与学术建国》和《法制的类型》三篇文章，提出了振奋民族精神、弘扬学术文化、实行政治革新等主张，并因此受到蒋介石的关注而被四次召见。当时的贺麟一心想以学术救国，书生意气十足。他幻想蒋介石能采用他创立的理想唯心主义思想来改造国民党，改造中国社会。1940年，蒋介石在黄山约见了贺麟。贺麟向蒋介石讲到要介绍西方古典哲学，贯通中西思想，发扬孙中山的三民主义的想法。然而，这种幻想随着国民党腐败无能的日益暴露而很快就破灭了，贺麟的思想也逐步趋向进步。蒋介石要请他到重庆中央政校教书，也被他婉言拒辞。

　　1947年，贺麟担任北京大学训导长、北京大学哲学系代理主任等，但他多次顶住国民党政府教育部长朱家骅施加的压力，从未迎合上司迫害进步学生，没有开除进步学生。他对进步的学生运动持同情的态度，多次出面保护甚至营救进步的青年学生和教授，深受学生的拥戴。1948年，北京大学举行50周年校庆，学生特送锦旗一面给贺麟，上绣"我们的保姆"字样，以表示对他的感谢与爱戴。1948年底，进步学生、党的地下工作者秘密地给他送来了毛泽东同志的《新民主主义论》和《论联合政府》。他从中看到了中国的前途，对中国共产党及其纲领有了初步的了解。北平解放前夕，国民党曾多次派飞机接他去南京，都遭到他的拒绝。他经过郑重考虑，在中共地下党员和进步人士的帮助下，三次断然拒绝了蒋介石要他飞往台湾的要求，决心留在大陆，和全国人民一起迎接北平的解放和新中国的建立。

# 第 5 章

# 现代儒家"新心学"

## 一、中国哲学现代化进程中的三种立场

中国哲学有着源远流长的历史和灿烂辉煌的成就，在世界哲学史中代表着东方中国哲学的独特系统，凝聚着中华民族的思想和智慧，体现了中华民族集体的精神特征。中国传统哲学的高峰主要表现为先秦诸子学和宋明理学。两汉的经学、魏晋的玄学、隋唐佛学、明清之际的启蒙思想也取得了可观的成就，是中国哲学的重要闪光点。自 20 世纪初开始，中国哲学逐渐从传统的经学、史学和子学中分化出来，成为一门相对独立的学科，凸显出中国哲学的特殊性。在欧风美雨的冲击和浸润下，中国哲学伴随着中国社会和文化的风风雨雨走过了一条蜿蜒曲折的现代转型之路，并取得了巨大的成绩。从宏观上讲，中国哲学从产生到今天大致经历了三个历史阶段，并出现过三次高潮。

中国哲学第一个历史阶段是春秋战国时期出现的诸子哲学。始于殷周时代的中国哲学在春秋战国时期出现了繁荣兴盛的局面，开创了中国哲学的基本形态。当时社会混乱不堪，思想冲突不断，于是诸子并起、百家争鸣，儒家、道家、法家、墨家、阴阳家、名家等各种学派先后出现，学术思想高度繁荣。这时出现了孔子、老子、孙子、墨子、孟子、庄子、荀子、韩非子等一批伟大的思想家，其哲学成就可与同时期的古希腊、古印度并驾齐驱。但秦始皇的"焚书坑儒"使这次繁荣的学术思想受到了严重打击。

第二个历史阶段是汉唐至宋明清时期的哲学，出现了儒、佛、道之争及其大融合，但以儒家经学发展为主流，可称之为经学时代。汉武帝的"罢黜百家，独尊儒术"，使学者以读儒家经典为业，以注经为学，于是经学时代开始了。后来，佛教哲学作为最具思辨性的哲学，对儒、道哲学形成挑战，三教鼎立，互相争辩。至北宋形成理学思潮，批判吸收佛、道而回归儒家孔孟哲学，建立了新儒家的哲学体系，这是中国哲学的第二次繁荣。明清之际出现的一批具有批判意识的思想家，提出了新的人文主义思想，但他们仍以注释儒家原始经典的形式表达其思想，并未超出古典哲学的范围，故仍属经学时代。乾嘉时期的清儒偏重考据和训诂，倡导"由宋返汉"的学术方向，注重文献的整理和训释，缺乏思想的超越与创新，使形而上的思辨之风趋于淡薄。此后，独立的哲学思想日趋衰微，哲学往往消融到实际社会政治和伦理生活的现实关怀中去，失去了以往哲学形而上的思辨性和创造性。

第三个历史阶段是 19 世纪后半叶开始的中国哲学的现代

转型，出现了中西文化之争及马克思主义中国化的思潮。这次转型规模最庞大，意义最深刻，影响最为深远。鸦片战争以后，面对西方列强的侵略，近代顽固派以晚清理学名臣倭仁为代表，站在"夷夏之辨"的立场坚持中国文化优越论，反对以夷变夏，反对以夷为师。近代洋务派虽然学习西方，但他们的哲学思想仍然属于儒家经学范畴。张之洞把这种思想总结为"中学为体，西学为用"，并没有走出儒家正统思想的框框。维新派康有为等人宣扬"今文经学"，以公羊春秋学"托古改制"的名义为维新变法进行论证和辩护，利用儒家思想传播改良主义和立宪君主制的主张。他为维新变法提供理论依据的著作可以说是援引西学以改造儒学的大胆尝试。章太炎提倡"古文经学"，为辛亥革命作论证，并与康有为改良派展开争论。他主编的《民报》发表了许多文章反对康有为神化孔子，将孔子还原成一位历史学家。从政治的层面上看，章太炎、康有为都接受了一些达尔文的进化论思想，只不过前者主张渐进式的改良，而后者主张激烈的革命。这场争论虽然以今古文经学的形式出现，但实际内容已经发生了深刻变化，吸收了现代西方的许多哲学思想。从此，延续两千多年的儒家经学时代宣告结束。20世纪初，中华民族面临亡国灭种的危机，为了救亡图存，学习西方先进制度和文化已经成为中国人的共识。民主革命家孙中山创立了三民主义思想体系，反对封建专制制度，提倡建立"民主共和"政体，并努力把它付诸实践。在哲学上，他吸收近代西方的哲学思想，吸收了中国传统儒家哲学的某些内容，总结了近百年来中国资产阶级的哲学启蒙和哲学变革的积极成果，在世界观、知行观、历史观和社会革命论诸方面开拓了新的领域。他吸取了西方机械唯物主义和自然科学知识，宣传进化论的自然发展观，认为人类进化的目的是解除世界上存在的各种痛苦，实现"天下为公"的大同世界。因此，他反对把"物竞天择"的原则应用到人类社会，旗帜鲜明地反对社会达尔文主义，而把人类进化的根本原则说成是"互爱互助"，而不是"弱肉强食"。在认识论上，他一反中国传统哲学中的"知易行难说"，大胆提出"知难行易说"和"行先知后说"，强调"知"来源于"行"，把"行"即实践提到认识论的突出地位，持"以行而求知，因知以进行"的知行观，为民主革命实践制造理论基础。孙中山的三民主义可以说是中国哲学现代转型的重要里程碑。从辛亥革命直到五四运动，西方各种新思潮继续不断地涌进中国，"古今""中西"之争依然十分激烈。1915年，思想界出现了以杜亚泉为代表的《东方杂志》和以陈独秀为代表的《青年》（后更名《新青年》）杂志的文化争论，前者倾向于中国儒家传统保守立场，后者倾向于全盘西化激进立场，由此揭开了新文化运动的帷幕。五四运动时期，新文化派从"重估一切价值"的立场出发，提出"全盘西化"和"打倒孔家店"的口号，主张彻底否定中国传统文化，提倡西方的"科学"与"民主"，将中西文化之争推向了高峰，也为重新思考中国哲学发展问题打开了思想大门。五四运动之后，面对西方哲学的挑战，中国一批学者根据其对西方哲学的了解，开始从不同的角度重新解释中国哲学的现代意义，有的运用西方哲学的方法讲中国哲学，有的运用比较的方法讲中国哲学，有的则运用被改造过的传统方法讲中国哲学，努力重建中国哲学。自此以后，中国哲学的发展实际上存在着"以西释中"的全盘西化派、"以马释中"的马克思主义派和主张"中华文化本位"的文化保守派三足鼎立的局面。

## 全盘西化派立场

主张按照"以西释中"原则用西方哲学的方法讲中国哲学的代表人物是胡适。胡适在留学美国期间深受美国实用主义哲学思想的影响。他于1917年出版了《中国哲学史大纲》（上册），第一个打破了传统的儒家经学方法，采用西方哲学的方法写中国哲学史，使人耳目为之一新。他提出"大胆假设，小心求证"的方法，注重材料的考证，将中国哲学史看作是哲学家的哲学思想及其发展的历史，而不是对经典进行解释的历史。他通过对中国哲学中一些人物及其思想的研究，宣传西方的实用主义哲学。胡适的《中国哲学史大纲》虽然只完成了先秦部分，但他提出的新的研究中国哲学的方法却具有开创性意义，开启了用西方哲学解释中国哲学及中西哲学相结合的先河。他把科学实验的方法运用到哲学史的研究当中，要求"拿证据来"，开创了新的考据学，力图使中国历史与哲学的研究变成科学的研究。胡适《中国哲学史大纲》的问世，从内容到形式全面实现了对传统中国学术的范式性变革，为中国哲学确立了基本的理论规范，标志着作为现代学科的"中国哲学"的诞生。他的方法成为后来研究中国哲学的基本范式。这些努力对于转变传统的经学方法起了很大作用，并对以后的中国哲学研究产生了重要影响。

受胡适的影响，1931和1934年，冯友兰的《中国哲学史》两卷本先后出版，这是中国哲学史的第一部通史著作。冯友兰在研究方法上采用西方新实在论的逻辑分析方法，着力于中国固有哲学范畴的逻辑分析，以揭示或重构中国哲学实际内蕴的思想体系。他主张重建中国哲学的根本任务就是把中国哲学资料中符合西方哲学思想的东西挖掘出来，除此之外，别无他路。他认为西方哲学的特点在于概念明晰，运用了近代逻辑分析的方法，而中国哲学则有"拖泥带水"的毛病。因此，他的主要工作就是运用西方近代逻辑分析的方法重新分析中国哲学，使那些似是而非、含混不清的概念明确起来，由分析经验开始而达到绝对"空灵"的形而上学的结论。冯友兰自称是"接着"程朱理学讲，而不是"照着"程朱理学讲。"接着讲"的关键是要有新发展，其新发展就是吸收西方的概念分析方法。金岳霖也有类似的观点，他自称所讲的中国哲学是"旧瓶装新酒"，从观念到方法都是全新的西方逻辑分析的方法，仅仅在形式上保留一点"中国特色"而已。

由于"以西释中"的方法是中国哲学在草创时期附会西洋哲学史的历史背景下按照西方哲学的价值系统、观念框架、问题意识乃至话语系统对中国文化传统加以裁剪、抽绎、梳理、编排和改造的，必然会出现曲解、误读和肢解中国哲学的情形，造成削足适履、望文生义、牵强附会和"汉话胡说"的局面。

## 马克思主义的立场

主张按照"以马释中"原则，用马克思主义的立场、观点和方法来研究中国哲学的代表人物有李大钊、毛泽东、张申府、张岱年、侯外庐、冯友兰、任继愈等。俄国的十月革命建立了无产阶级专政的国家，并以马克思列宁主义作为国家根本指导思想。这使中国人开始重新思考中国的前途问题。李大钊在介绍唯物史观的基本原理的同时，还用这种唯物史观分析中国历史及文化现象。他比较重视伦理道德的问题，提出用人道主义改造人类精神的主张。他主张用社会主义改造经济组织，用人道主义改造人类精神，进行"心物两面的改造，灵肉一致的改造"。他认为，宣传普及马克思主义是为了使人们掌握这种"武器"，使它在实践中发生作用。马克思主义哲学传入中国，从一开始就是为了解决中国的现实问题，即能不能改变中国的贫穷面貌，使之走上现代化道路的问题。因此，马克思主义在中国的历史命运就是与中国的实际相结合，而不是作为一种哲学理论去研究。马克思主义哲学的任务不仅仅是要"解释世界"，还要来"改造世界"。而究竟如何用马克思主义来改造中国，取决于它与中国的实际结合的程度，这就提出了马克思主义中国化的任务。这个任务由毛泽东完成了。

毛泽东作为中国共产党的杰出领袖，一方面坚持马克思主义的基本立场、观点和方法，另一方面又批判了中国马克思主义的教条主义，即脱离中国实际而讲一些马克思主义的结论。他早年就进行过社会调查，对中国的国情非常了解，这对他将马克思主义哲学运用到中国实际起了重要作用。抗日战争时期，他根据中国的形势，发表《论持久战》以及讨论战略战术问题等的许多文章，对这场战争的性质、特点进行了分析，将辩证法运用到实际作战中，形成了一套适合中国的军事辩证法思想。毛泽东在哲学上的代表作是《实践论》与《矛盾论》，这两本书可说是马克思主义哲学与中国革命战争相结合的典范。两本书的主旨是反对教条主义、本本主义，同时也反对经验主义。这两本书在很长时间内成了指导人们思想的哲学纲领。毛泽东在《实践论》中提出"实践第一""实践出真知"的观点，将马克思哲学的实践观提到前所未有的高度。在《矛盾论》中，毛泽东吸收了列宁关于辩证法的学说，认为矛盾法则即对立统一法则是唯物辩证法的最基本的法则，而矛盾斗争则是最核心的内容。毛泽东哲学思想是马克思主义与中国革命实践相结合的产物，是运用马克思主义哲学的一般原理分析中国革命实践的结果，是马克思主义中国化的杰作，也是中国哲学现代转型的杰出成就。由于它抓住了中国的实际问题，因此运用它来指导中国革命，便取得了胜利。

随着马克思主义哲学在中国的传入，除了从事军事和政治斗争的中国共产党在中国宣传马克思主义以外，也有许多学者主张运用辩证唯物论来研究中国哲学。张申府、张岱年、侯外庐、任继愈就是重要代表。张申府对西方哲学很有研究，他主张将唯物论与逻辑分析方法以及孔子的仁学结合起来，建立一种综合的哲学。他虽然未写出专著，但这种提法不失为一种新的观点。张岱年（1909～2004）在这时期发表《论外界的实在》《谭理》《辩证唯物论的知识论》等文章，主张将辩证唯物论与中国固有的唯物论传统结合起来，并建立唯物论的认识论学说。他还发表《哲学上一个可能的综合》的文章，提出综合的主张，以求中国哲学的新发展。所谓"综合"，主要包括两方面意思：一是在方法上将唯物辩证法与形式逻辑的分析法相结合；二是将近现代的西方唯物论与中国古代的唯物论的传统哲学相结合。这里除了引进西方唯物论之外，重要的是挖掘中国传统哲学中的唯物论思想，同时也要重视西方的逻辑分析或解析的方法，其具体的做法是"将唯物、理想与解析综合于一"。张岱年的"综合创新"文化观，旗帜鲜明地提出"打通中西马"的学术立场，坚持把马克思主义、中国传统哲学与西方哲学相结合的"大成智慧学"文化立场，在今天仍然备受学术界的高度重视。

侯外庐（1903~1987）是现代著名的思想史学者，他主编的五卷本《中国思想通史》，被誉为我国第一部用马克思主义观点系统总结中国几千年思想遗产的巨著。《中国思想通史》五卷本是从 20 世纪 40 年代开始撰写和出版的。其书虽然叫"思想史"，实际是以哲学思想为基本线索，论述的重点也与胡适和冯友兰不同，其主旨是"发掘中国思想史上唯物主义和反正宗异端思想的优良传统"，认为中国先秦时期和明清之际的哲学类似于西方古希腊和文艺复兴以来的思想成果，因而和马克思主义是相通的。他因此主张将马克思主义与中国哲学相结合：在中国唯物主义的传统中包含着实事求是的科学精神，在中国古代反正统的异端思想中则包含着古典的民主观念。《中国思想通史》在中国哲学史的传统中，既注重寻求科学精神，亦重视人文精神，其内容比胡适的《中国哲学史大纲》和冯友兰的《中国哲学史》都要全面和丰富。

冯友兰的哲学研究原受"全盘西化"的影响，也是"中华文化本位论"的积极倡导者。新中国成立后，其学术思想一直受到马克思主义学者的批判，成了反动学术权威。1957 年，冯友兰给毛泽东写信，说自己愿意进行思想改造，一定要运用马克思主义理论重写一部哲学史。毛泽东回信说："你愿意接受改造固然很好，还是以老实为宜。"冯友兰开始学习和运用马克思主义的观点和方法研究中国哲学史。1962 年，冯友兰开始出版他编撰的《中国哲学史新编》。他努力运用马克思主义的立场、观点和方法对中国哲学进行系统研究，以唯物史观为指导，联系每一时代的政治、经济背景来讲中国哲学史，特别注重中国哲学中的唯物主义思想的阐发。

1963 年，任继愈主编的《中国哲学史》由人民出版社出版，这是新中国成立后运用马克思主义观点写成的另一部重要哲学著作，对中国哲学在当代中国的传播产生了重要影响。

## 中华文化本位立场

主张按"中华文化本位"的原则吸收西方哲学思想和方法，重新解释和创新中国哲学的代表人物有梁漱溟、熊十力、冯友兰、贺麟等。经过对"五四"以来中国文化现象的反思，许多学者发现，中国人不应该将西方哲学不加分析地吸收，也不能对西方哲学进行完全的排斥批判，而要从中华民族文化生存与发展的立场，为中国哲学寻找新的出路和生长点。面对中西文化激烈冲突的时代背景，他们改变了传统的封闭心态，主张吸收西方哲学与文化的成果，强调应该以中国文化的发展为立足点和出发点。最早从中华文化本位立场重建中国哲学的现代新儒家是梁漱溟。他吸收了柏格森的生命哲学的某些方法，通过中西比较的方法，同时也开始建立新儒学。

1921 年，梁漱溟出版了《东西文化及其哲学》一书。他从人的"意欲"出发说明文化，将文化界定为"生活样式"。由此出发，他把文化分为西方、中国、印度三大系统，提出文化的"三路向说"。他认为，西方文化顺着"意欲"一直向前，是奋进的，改造自然的，但又是太低层次的。印度文化逆着"意欲"向后看，是无我的，但又是太高层次的。只有中国文化最适中，最合于人生，而代表中国文化的就是儒学。儒家文化的最大特点就是以内心的直觉而呈现出来的无私的道德感情"仁"，这是一种真善美的精神境界。就人类的思维而言，理智为科学之本，理性为道德之本，"理性为体，理智为用"，道德高于科学。他认为，近代西方文化已经充分显示出它的生命力，但是从长远看，人类的文化是朝着东方的方向发展的。从世界文化发展的总趋势来看，西方求物理的科学方法已经走到了头，理智的计较导致了资本主义社会的利己主义、拜金主义，造成了阶级矛盾和道德沦丧。世界文化的未来将是中国文化的复兴，社会主义将代替资本主义。因此西方要学习东方文化特别是中国的儒家文化，而中国一方面要保持自己的儒家文化，另一方面要学习西方文化，实现现代化。因此梁漱溟决不反对西方的科学技术，主张"全盘承受"。现代新儒家梁漱溟提出的文化三路向的模式和"援佛入儒、会通西学"的生命哲学为现代新儒学的形成奠定了初步的理论基础。

　　另一位从中华本位立场重建儒学的重要的哲学家是熊十力（1885～1968）。他的哲学被称为"新变易哲学"。熊十力著《新唯识论》也采取了援佛入儒，会通西学的方法，吸收了近代佛学的思想方法，而且吸收了西方过程哲学（怀特海）的某些方法，用中国传统的体与用、能与所等范畴讲主客、心物关系，极力强调主体能动性和变革的思想。其"摄所归能"之说强调"心"是能动的主体，也是本体，物则随心而转，故有生命的意义；其"色心无实""只有此变"之说凸显了"转变"的观念，认为不仅要"转识成智"，而且要"裁成万物、辅相天地"，完成生命本身所肩负的使命。熊十力晚年又著《体用论》《乾坤衍》等著作，强调"体用不二""心物同体"，自称此为"新易学"，其"新"就在于吸收了怀特海过程哲学的某些内容与方法，重视生命活动的过程及其感性力量。熊十力在哲学方法上强调直觉的作用，这既是儒佛进一步融合的结果，又是受西方直觉主义影响的结果。虽然他吸收了西方哲学一些思想，但这种吸收并没有使中国哲学转变其基本性质和基本形态，而是使中国哲学更加具有时代性特征。他对西方的科学方法持一种批判的态度，认为科学与哲学是有区别的，不能用科学方法讲哲学。他抓住了哲学与科学的区别，而且抓住了中国哲学与西方哲学的区别，主张在认同中国哲学基本特性的基础上重建中国哲学，而不是跟在西方哲学与科学的后面抹杀中国哲学的特性，从而捍卫了中国哲学自身的主体性和独特性。他进一步说明在政治上学习西方民主和提倡言论自由的必要性，并且主张发展现代经济技术，为现代新儒学内圣之学"开出科学、民主新外王"的理论作了初步的准备。熊十力对港台现代新儒家的代表人物牟宗三、唐君毅、杜维明、刘述先的思想产生了重要影响。20世纪50年代以后，熊十力的弟子们在海外发挥熊氏学说，推进了当代新儒学的发展。1958年，张君劢、唐君毅、牟宗三、徐复观四人鉴于中国文化之"花果飘零"，为振兴中国文化，联名发表《为中国文化敬告世界人士宣言》，世称"新儒家宣言"。他们针对西方某些人对中国文化的看法，指出中国文化有病，但并未死亡，而是有生命力的文化，认为中国的心性之学是中国文化的生命力之所在，也是中国哲学的核心之所在。他们举起中华文化本位的旗帜，以复兴新儒学为己任，提出中国文化"返本""开新"的观点，努力阐明儒学的当代价值，并建构新的哲学体系，为中国文化从传统走向现代，从中国本土走向世界设计了宏伟的蓝图，对儒家思想在现代中国的传承和发展作出了不可磨灭的贡献。

冯友兰在 1940 年前后出版了"贞元六书"。"贞元六书"是冯友兰六种哲学著作《新理学》《新事论》《新世训》《新原人》《新原道》《新知言》的总称。以撰写"贞元六书"为契机，冯友兰创建了他的"新理学"思想体系，为现代新儒学的发展作出了重要贡献。冯友兰早年受过西方哲学的系统训练，受到新实在主义、实用主义和逻辑实证主义方法的影响尤其大。他早年出版的两卷本《中国哲学史》就是"以西释中"的典型。他在建立自己的"新理学"体系的时候，对这种西化派的方法进行了修正，更多地运用了中国传统哲学强调的直觉体悟和生命境界的把握等方法，最终回归到了中国哲学的正统道路。他在 1938 年出版的《新理学》当中，运用新实在论的逻辑分析方法，把宋明理学的理、气、道体、大全等哲学范畴抽象化、逻辑化，认为"理"是纯粹的形式，"气"是纯粹的质料，"道体"是理气合一之流行，"大全"是一切的有或全体之有，并以此为基础为儒家哲学建立了系统的本体论、方法论、认识论、价值论、人生论和政治论，但还存在着"以西释中"的明显特征。1942 年，当他出版《新原人》的时候，已经回归到中国传统哲学的直觉体悟方法上来了。这种转变可以说是向"中华文化本位"立场的回归。在该书中，冯友兰提出了人生的四种境界说，即自然境界、功利境界、道德境界、天地境界。"境界"本不是一个知识论的问题，而是关于生命意义"安身立命"的价值论问题，这是中国哲学的核心问题。冯友兰认为，在自然境界中，人们对自然和社会的法则都没有觉解，只能顺习而行，照例行事。到了功利境界，由于利益的成败而觉贵贱。到了道德境界，超越了贵贱而认识伦理。而达到了天地境界，可以说是"体与物冥""万物皆备于我""从同于大全"。其中的"天地境界"实际是中国哲学所追求的最高境界。由此可见，冯友兰在方法上已经超越了新实在论，而最终皈依中国的哲学传统，信奉儒释道融会一体的境界说与体验、体悟的哲学方法。在"贞元六书"的最后一本《新知言》中，冯友兰专门总结了方法论问题。他提出可说与不可说、正与负两种方法，并讨论其关系以及如何结合的问题，可说是对中国哲学的一大贡献。中国传统哲学中的儒家、道家与禅宗属于负的方法，而西方哲学主要是用正的方法。冯友兰强调，讲哲学必须先用正的方法，即说其可说，然后才能进入负的方法，即说其不可说。不可说也要说，只有说了之后，才能保持"沉默"。不可说也是一种"说"，如同"烘云托月"。他认为，真正的哲学是理性主义与神秘主义的统一。这是对中西哲学融通的最好说明。此外，他在《新事论》里宣扬"继往开来"的中体西用论。他指出，清末洋务派的"中学为体，西学为用"只知西洋的物质文明，不知其精神文明，是"体用两橛"；民国初期则又重"西学之体"轻视"西学之用"，大谈精神文明，鄙视实用科学、机器、工业等，这是"体用倒置"。现在应该到中西文化互相阐明的时期，应该开始重新认识到"中学为体，西学为用"的合理性。他重新对"中体西用"解释说，如果是以"五经""四书"为体，以枪炮为用，这话当然是无稽之谈，读"五经""四书"，是不会读出枪炮来的。但如果是说组织社会的道德是中国人所本有的道德，现在所须添加者只是西洋的知识、技术、工业，那么"中体西用"就是可以接受的真理。冯友兰这套继往开来的"中体西用"论主张在道德之理上"继往"，在科学技术上"开来"，从而实现了中国式哲学的现代化。总之，冯友兰所创立的"新理学"体系在现代新儒学的发展史上具有重要的理论意义，也是中国哲学现代转型的重要成果。

在中国哲学现代转型的过程中，现代新儒家贺麟也是重建现代中国哲学的一位重要哲学家。20世纪40年代，贺麟就建立了现代儒家"新心学"思想体系，成为中国现代新儒家思潮中声名卓著的重镇。贺麟先生学贯中西，在中国哲学方面也有极高造诣。贺麟的"新心学"，是对中西文化的融通，是中国的陆王心学与西方的新黑格尔主义相结合的产物。他的"儒家思想的新开展"的论述，知行合一新论与直觉论，"心即理"的理论，构成了他哲学思想的主要部分。贺麟指出，他自己的思想有着极深的中国传统文化的渊源，这就是中国传统的儒家思想。他不仅对孔、孟、程、朱、陆、王各家思想，而且对老、庄、杨、墨等思想都作了理解和切合时代的发扬。他对德国古典哲学思想文化也兼收并蓄，深深地寝馈其中，"虚心以理会之，切己以体察之"，并将苏格拉底、柏拉图、亚里士多德、斯宾诺莎、康德、费希特、黑格尔以及格林、怀特海等西方历代圣哲的睿智大慧，用自己的言语，解释给国人。贺麟凭借着广博深厚的学术文化功底，以西方近代哲学（主要是新黑格尔主义）和中国传统哲学（主要是陆王心学）为基本的思想养料与方法资源，构建起了一套涵盖了本体论、认识论、方法论和人生观、伦理观、文化观的"新心学"思想体系。

## 二、贺麟的中西文化观

贺麟对西方哲学，特别是斯宾诺莎、黑格尔、怀特海哲学有精深研究，但在中华民族文化复兴的强烈愿望和历史潮流影响下，他特别强调儒家文化与中国哲学的复兴。在建构中华新文化和处理中西哲学的关系问题时，贺麟十分强调中国传统哲学的"体""用"范畴。他认为，要深入了解一种文化，首先要弄清文化的体与用。基于这种认识，他在《文化的体与用》一文中研究了文化的体与用及其关系，提出了自己的体用观。贺麟的体用观可以说是他整个文化哲学和新儒学的理论根基。他立足于中国传统哲学的基本概念，借用西方哲学的思想成果，深入挖掘了"体"与"用"的文化学意蕴和内涵，并依据自己的体用观对现代中国哲学的转型与重建提出了一整套设想和主张。其中的许多看法在今天看来仍不失为真知灼见。

### 文化体用观

"体"和"用"本来是中国传统哲学的基本范畴之一，主要归属于本体论。贺麟把体用区分为常识层面和哲学层面这两个不同层次。常识层面中的体用观其实就是主与辅的关系。体就是根本主体，用就是从属于主体的各种属性。哲学层面的体用观探讨事物的形而上本体与形而下现象之间的关系。贺麟根据古希腊柏拉图和亚里士多德哲学的不同特点，把哲学层面的体用观分为绝对体用观和相对体用观两种形式，提出绝对体用观和相对体用观的概念。他在《文化的体与用》里写道："至于哲学意义上的体用须分两层来说。一为绝对的体用观。体指形而上的本体或本质，用指形而下的现象……一为相对性或等级性的体用观。将许多不同等级的事物，以价值为准，依逻辑次序排列成宝塔式的层次。最上层为真实无妄的纯体或纯范型，最下层为具可能性、可塑性的纯用或纯物质。中间各层则较上层以较下层为用，较下层以较上层为体。"贺麟认为，绝对的体用观是柏拉图式的，特点在于用本体与现象的关系解释体用；而相对的体用观则是亚里士多德式的，特点在于既用本体现象言体用，又以本体界的纯范型作标准去分别现象界个体事物之间的体用关系。以事物表现纯范型之多或寡，距离纯范型之近或远，而辨别其为体或用。贺麟通过自己对中国哲学和西方哲学的精确把握，对这两种体用观进行了详细的分析。

（1）绝对体用观

所谓绝对体用观是指从绝对意义上把握的体用观。这里的"体"是指形而上之本体或本质，"用"指形而下之现象。"体"为形而上之理则，"用"为形而下之事物。"体"是超越动静的东西，无动又无静，动静一体；而"用"有动静的变化。也就是以本质或理则为形而上的本体，以现象和事物为功用，体一用多，理一分殊，即本体可表现为多种现象。贺麟认为，这种绝对的体用观以本体与现象解释体用关系，相当于柏拉图的理念世界与现象世界的分别，亦可称为柏拉图式的体用观。

"体""用"的相反相成性构成中国传统哲学的一对核心范畴或最高范畴。"体用"与"道器""理欲""本末""主辅"等范畴大体上等同。在中国哲学里,"体"是指事物的本质或根源。"体"与"本"意义相同,合成为"本体"的概念。本体即万物的本质与本原。在中国传统哲学与现代新儒学里,本体往往是指"理""道"或"心""性"或"玄""真如",换成现代哲学用语,就是理则、存在的理由或道德、精神、心灵、悟性等。总体看来,中国哲学上的"体"是一种内在的逻辑理路,它对整个世界乃至宇宙起指导、管理、监督、控制的作用。在中国哲学上,"用"是"体"的派生物,泛指事物的表象、材料、外在性的方面。"用"的含义包括功用、作用、用途、用处、功能、作为、效劳、效用等意。它既有财用、费用、物用、利用、器用、日用、国用、民用、用度等名词的意思,又有使用、施用、任用、运用、应用、引用、动用等动词的意思。"用"始终处于与"体"的本质、本原、内在性相对的位置上。在中国哲学里,"体"与"用"的关系密不可分。没有"体"就没有"用";同样,没有"用",也就没有"体"。"体"的体现为"用","用"的本原乃是"体"。"用"是"体"的外化,"体"是"用"的内蕴。

《易经》最早使用了"体""用"的概念。《系辞》说:"故神无方而易无体,显诸仁,藏诸用""潜龙勿用"。《老子·第四章》说"道冲而用之,或不盈",这是描述道体之虚状及其作用之无穷。《老子·四十章》说"弱者道之用",《老子·四十五章》说"大成若缺,其用不弊;大盈若冲,其用不穷"，正说到了道的体、用问题。《老子·十一章》说："三十辐共一毂，当其无，有车之用；埏埴以为器，当其无，有器之用；凿户牖以为室，当其无，有室之用。故有之以为利，无之以为用。"西汉时期，司马迁在谈论道家思想时说其道术"以虚无为本，以因循为用"，提出"本"与"用"对举的关系范畴。魏晋时期，王弼开始将"体"与"用"对举，把中国哲学里隐藏的体用关系问题阐发出来，使其成为十分明确的关系范畴。他还将老子关于道的体用观点二分为道体、物用两个方面，即以无为体，以有为用。王弼根据《易经》"形而上者为之道，形而下者为之器"的观点，把有无、本末、体用之辩与道器关系相提并论。王弼的有无、本末、道器、体用之辩在魏晋与隋唐时期的玄学、佛学中皆有进一步发展。隋唐时期，孔颖达撰写的《周易正义》就继承了王弼的体用范畴，认为"《易》卦备天下之象，据其体；备天下之理，据其用"。孔颖达认为易理备包有无，形而上者为道为无，形而下者为器为有，故"以无言之，存乎道体；以有言之，存乎器用"。

宋明时期，理学家程颐继承了王弼的玄学思想，提出"体用一源"的思想，对中国哲学产生了深刻的影响。朱熹继承了二程的思想，主张以"太极""天理"说本体，以"气"说功用，主张"理气合一"之说，提倡理体气用论。他认为"无极而太极"，太极即无极，此乃"万化根本"。朱熹把"太极"完全等同于"理"，"太极只是天地万物之理。在天地言，则天地中有太极，在万物言，则万物中各有太极"。朱熹的理气观认为："天地之间，有理有气。理也者，形而上之道也，生物之本也。气也者，形而下之器也，生物之具也。"他认为，

"理"是天地万物产生的原因和根据，在天地未分、宇宙未成形之时就已经存在。理作为超越一切具体存在的形上根据，构成宇宙的本原、宇宙的秩序和规律，作为一种自然的法则，规定着事物的本质。而气是产生万物的现实依据，必有气才能产生万事万物。从逻辑的顺序上讲，理先气后、理主气从。但从现实存在状态层面而言，理一分殊，理一气多，理与气是互相依存不可分离的，实无所谓先后。朱熹认为理与气共同构成了宇宙间万千事物。理作为事物的本质和规律决定着万物之本性；气作为构成事物的材料，赋予万物以形体。这两者是互相统一的，理存在于具体的事物之中，气之凝聚造作却又须依傍理行，理与气浑然一体，有则俱有，无则俱无。因此他说"天下未有无理之气，亦未有无气之理"。在他看来，动静无端，阴阳无始，气是无端始的，理只存在于气中，气之外并非独立存在一个理世界，理气不杂不离，不可分开。由此，他为儒家哲学建立了本体论依据，对中国哲学的发展产生了深远的影响。

而明代心学家王阳明则主张"心物不二""体用不二"之说，提出心体物用论。他以"心""良知"解说"体"，以具体"事物"解说"用"。王阳明说："心的本质就是天理，天理在人心灵中的自觉显现就是良知。有道德的人能够戒慎恐惧，约束和控制自己的思想和行为，正是由于他们害怕因良知的丧失和道德的堕落导致人对天理正道的背叛。"在王阳明看来，本体即天理，也即良知。他说："无善无恶是心之体，有善有恶是意之动，知善知恶的是良知，为善去恶是格物。"他认为"致吾心之天理良知于事事物物，即是格物"。王阳明又说"心者，身之主也。而心灵的自我觉悟就是所谓本然的良知也，而其心灵的自我觉悟因受外界感化而产生变动，就是人的知觉"，由此明确了"良知为体、知觉为用"的观点。从心物关系上看，良知为体，感物而动的事物为用。从理论思维的方式上看，王阳明把孟子、陆九渊关于"心为大体，耳目为小体"的思想进一步发展为"良知为体、耳目闻见为用"的体用关系论，从而进一步推出了"心体物用"的观点。在知行合一中，良知为体，行动为用。王阳明眼中的事物是"心"的意想物，是意念中的存在。而"心体物用""体用不二"是他哲学的核心。王阳明是中国古代哲学家中对体用关系解说最清晰详尽的一位。在20世纪中国哲学现代转型的过程中，王阳明的思想被引用得最多。中国现代新儒家思想甚至可以说是阳明学的当代诠释。不论是梁漱溟的文化哲学、熊十力的"新唯识论"，还是贺麟"新心学"，都与阳明学有明显的内在继承关系。

贺麟的"新心学"思想体系在体用论上一方面深受陆九渊、王阳明心学的影响，继承了熊十力体用不二的原则；另一方面，又吸取了斯宾诺莎一体两面、心物互不干涉论和新黑格尔主义情感与逻辑的对立统一原则来解释心物平行，心主物从的思想，认为世界的自然之物和一切文化之物都是"主体逻辑心"的显现。贺麟把这两方面进行了十分精妙的融合，提出了"心体物用论"。在本体论上，贺麟的新心学体系主张"心体物用"论，就是以"心"作为宇宙万物的本体，而将具体的万事万物作为"心"的表象和功用，这种思想与王阳明完全一致。在心与物的关系上，贺麟认为，在科学研究领域上，心与物永远平行，从而构成实体，即自然界之正反两面。作为实体的两种属性，心和物是不可分离的整体。在这层关系中，心物平行而无体用主从之分。他说："心与物是不可分的整体。为方便计，分开来说，则灵明能思者为心，延扩有形者为物。"但在哲学上，"不能不揭出心为体，物为用之旨"。在哲学的角度，心与物的自然平行关系演变成了体用关系，即"心为物之体，物为心之用"。这是从哲学角度可以得出的唯一结论。贺麟认为，心之所以成为物之体是因为心与物相比更根本、更重要，因而也最具有实在性。在贺麟看来，心是唯一的主体或实体，心为主而不为客，命物而不命于物。这里所谓的"主"即是逻辑上在先或主宰之意。心所以成为物之体亦即物之主宰与逻辑上的先在者，原因在于："普通人所谓物，在唯心论者看来，其色相皆是意识所渲染而成，其意义、条理与价值皆出于认识的或评价的主体。"这就是说，物只有依赖于心才能存在，物是从心那里获得实在性的。反之，离开心之物，不过是漆黑的一团，均非真实可靠之物或实在。正因为如此，贺麟再三强调："所谓物质，一定是经过思考的物质。所以不可离心而言物。"他这样写道："心是主宰部分，物是工具部分。心为物之体，物为心之用，心为物的本质，物为心的表现。故所谓物者非他，即此心之用具，精神之表现也。"这样，贺麟就突出强调了心相对于物的"主""体"地位。

贺麟从心体物用论为基础的绝对体用论立场出发，在人的身与心的关系上持"心为身之体，身为心之用"的观点。他认为，心即理，良知即本心，也即本体。人的生命历程是一个不断追求良知的心路历程。人在获得了必要的修养工夫之后，良知自然显示。人们由此逐渐走向对本体的认识与体悟。贺麟所说的"心"有两层含义：一为心理意义的心，一为逻辑意义的心。逻辑意义的心即是理，正是这个理则之心为身体提供了行动的指南。从这个意义上说，身体行动的意义、价值只能到心那里得到合理的解释和说明；同时，也只有在心的统辖下的行动才是有价值的行动，才能达到预期的目的。所以，在身心关系中，贺麟强调："心是身之所以为身之理。身体的活动所代表的意义、价值、目的等，均须从心灵的内容去求解释。"在知与行的关系上，贺麟一方面认为知行同是人的活动，所以二者没有本质的区别。他说："'知'指一切意识的活动；'行'指一切生理的活动。"由此，贺麟进而提出了"知行合一"说，把知与行不可分割地拴在一起。这与王阳明也有一些相似。另一方面，他又用体用观解释知行关系，认为知是行的本质，行是知的表现；知是行之体，行是知之用；知是目的，行是手段。在知行合一的同时，知行的地位并不等同，其中隐藏着不容混淆的主从关系，这就是所谓的"知主行从"说。贺麟认为："知是行的本质（体），行是知的表现（用）。行若不以知做主宰，为本质，不能表示知的意义，则行为失其所以为人的行为的本质，而成为纯物理的运动。'知'永远决定行为，故为主。'行'永远为知所决定，故为从。"

（2）相对体用观

所谓相对体用观是指从相对意义上把握的体用观，就是贺麟所说的相对的或等级性的体用观。贺麟认为，相对体用观将许多不同等级、层次的事物，以价值或范型为准，依逻辑次序排列成宝塔式的层级。最上层为真实无安之纯"体"或纯"范型"。最下层为具可能性可塑性之纯"用"或纯"物质"。中间各层则较上层以较下层为用，较下层以较上层为体。体与用的关系为范型与材料的关系。由最低级的"用"（材料），到最高级的"体"（本体或纯范型），中间有一依序发展的层级的过程。这种看法又称为亚里士多德的体用观。贺麟说："这种体用观一方面包括柏拉图式的体用说，认纯理念或纯范型为体，认现象界之个体事物为用。一方面又要以纯范型作为判别现象界个体事物价值的标准，而将现象界事物排列或层级而指出其体用关系，以事物表现纯范型之多或寡，距离纯范型之近或远，去辨别其为体为用。"

贺麟发挥多层次相对体用论的观点，提出道、精神、文化、自然四个概念说明文化的体与用的多层次性和相对性。他指出："这四种观念若用现代价值哲学的名词加以解释，则（一）道即相当于价值理念；（二）精神约相当于价值体验，或精神生活；（三）文化即相当于价值物；（四）自然即是与价值对立的一个观念。"他认为，若从柏拉图式的绝对体用观来说，道或价值理念是体，而精神、文化、自然皆是道之显现，皆为道之用。若从亚里士多德式的相对的体用观来说，则自然为文化之用，文化为自然之本；文化为精神之用，精神为文化之体；精神为道之用，道为精神之体。在这里，贺麟极精妙地运用了黑格尔的唯心论思想体系来解释多层体用论观点。在贺麟的哲学中，道是宇宙万物的本体，统摄整个世界；"道"是宇宙万物和人生的绝对真理，是万事万物的至高准则，亦即真善美永恒的价值；"道"作为价值理念也是人的价值本体。道即心，心即理，理即性，亦即人的主体逻辑心。"精神"是人类理性创造文化之物的主观能动力量，是人的心灵与真理的契合，是具体化、实力化、社会化的真理。道为精神之体，精神是道之用。"道"或"理"只是纯体或纯范型而非"用"，都只是抽象的概念，唯有精神才是体用合一，亦体亦用的真实存在。也就是说，只有精神才是具众理而应万事的主体，才能自觉地用辩证法的反省和直观把握形而上的理则，同时又能主动地运用真理去创造文化之物和自然之物。"文化之物"是指哲学、科学、宗教、道德、艺术、政法、经济等精神的产物。"自然之物"只是纯用或纯材料，也就是精神活动能实现的材料。贺麟认为，精神是文化之体，文化是精神之用。在他看来，作为价值观念的道活动于人的内心世界，就是精神，精神是道显现为文化的凭借；作为文化之体的精神是价值体验。全部文化都可以说是道或精神之显现。在道、精神、文化构成的文化哲学中，贺麟尤其强调精神的突出地位。在他看来，如果说道是本体，那么，精神乃是主体，道必须借助精神才能显现为文化。没有精神，道只是有体无用的纯体或纯范型，只能是抽象的概念，而不能成为有体有用的真实。同样，作为精神活动的材料，自然只有经过人类精神的陶铸才能转变为文化的组成部分。于是，他断言："文化乃是精神的产物，精神才是具众理而应万事的主体。"因此，文化既是道之用，又是精神之用。文化与自然都是道之用，但二者又有所区别。在由道、精神、文化和自然构成的相互关系中，自然处于最低级的层次。就文化与自然的关系而言，文化为自然之体，自然为文化之用。文化作为体，是价值物；自然作为用，是工具和材料，与价值相对立。

在整体上看，贺麟的体用论具有绝对体用论层面但更多是强调多层次结构的相对体用论。例如，他认为，哲学与科学同是真理之显现，哲学追求价值的真理，科学追求自然的真理。从绝对的体用观来说，科学与哲学同是精神之用，精神兼为科学与哲学之体，但从相对体用观来说，哲学为科学之体，科学为哲学之用。贺麟强调哲学上的体用关系有别于科学上的因果关系，他说，科学上的因果都是形而下的事物，无价值的等级或层次之别，而哲学上的体则属形而上，体在价值上高于用。又如宗教与道德同为善的价值表现，但宗教调整人与天的关系，追求神圣之善；道德调整人与人的关系，追求人本之善，在此意义下，宗教为体，道德为用。再如，艺术是超实用的美之价值，技术代表实用美的价值，只能说艺术为体，技术为用。至于政治法律实业经济等，距真善美的价值更远，只能是以科学道德技术为体，并直接以自然物质为用。在中国传统哲学当中，贺麟认为周敦颐的思想具有多层体用论的特点。他说："周子则无极而太极，太极而阴阳，阴阳而五行，五行而万物。似以无极为太极之体，太极为无极之用。太极为阴阳之体，阴阳为太极之用。阴阳为五行之体，五行为阴阳之用。五行为万物之体，万物为五行之用。似分为五个层次的相对的体用观。"

至此，我们可以清晰地看到贺麟提出的多层体用观的基本内涵。他通过区分绝对体用论和相对体用论构筑了自己的文化观、知行观、社会观的多层网络，为实现中西文化的相互融合提供了本体论的依据。

## "中体西用"的文化观

在中国近现代文化史上，体用论一直是一个激烈争论的焦点。"体"是与"道""本""主"联系的范畴，而"用"是与"器""末""辅"相联系的范畴。从中体中用、中体西用、西体西用（全盘西化）到中西会通、西体中用，中西体用之间的关系，经历了一个不断撞击、艰辛探索、痛苦转变和逐渐更新的过程。鸦片战争爆发，英国以坚船利炮轰开了不愿打开的中国的大门。中国士大夫中的有识之士如林则徐、魏源等人面对时局提出了"师夷之长技以制夷"的看法，勇敢地突破"中体中用"和"华夷之辨"的枷锁。1860年以后，清政府洋务派开始学习西方军事与科学技术，标志着"中体西用"的萌发。1898年张之洞撰写的《劝学篇》一书对"中体西用"论进行了全面而系统的理论阐述。经过张之洞的系统化、理论化的梳理和阐述，再经光绪帝的谕旨颁行，"中学为体，西学为用"的思潮席卷全国。此后，在"中体西用"的框架内吸收西学、学习西方文化成为整个中国的共识。到20世纪，中国一批激进学者开始提出全盘西化的主张。面对主张"西体西用"的全盘西化思潮，新兴的现代新儒家则大都十分重视中国传统哲学的"体用"范畴，借用西方某些哲学思想来捍卫中国传统哲学的主体性和本体论价值。梁漱溟认为"人心正是宇宙本原的最大透露"，把王阳明强调的"心""本心"视为宇宙的根本主宰。现代新儒学大师熊十力毕生致力于体用关系的探讨，1956年秋至1957年冬著有《体用论》。在他看来，"体"即是世界的本原、本体、本质，"用"即是"功用"，指宇宙万物"生生不息真机流行"。他认为，世界的本体与本质不是"物"而是"心"，是本来自有的心，即"本心"。本心即本体。"本心即万化实体，而随意差别，则有多名。"从儒家哲学的立场出发，他认为，"本心"就是天、命、道、心、理、仁、知、明德。本心与本体即为宇宙真理。他认为太极、天道、本体即生生不息的仁体，其生生不息的真机流行即是功用。功用不离本体，本体亦不离功用独存。实体不是造物主而是一种生命，是功用，是流行。实体不外于功用、流行。由此可见，哲学上的"用"既可指外在之物质、事物、表象，又可指本体之功能。冯友兰用朱熹的"理"解说本体。钱穆以"整体"和"大生命"两大观念诠释中国哲学的诸基本范畴，提出中国思想和中国文化的总诠释为唯心观，或唯性观，或唯道观、唯道论，或德性一元论，由此显发其"理气合一，乃是心物交融，浑和为体""物则依心为主""即心即道""即心即天"的唯道论——宇宙人生历史文化大生命的哲学思想。

在中西文化体用论上，贺麟曾在抗日战争时期明确主张"中体西用"的文化观，以振兴中华民族精神为文化的理想，具有鲜明的民族文化本位特征和文化保守主义的倾向。在20世纪40年代的《儒家思想的新开展》一文中，他提出"儒家精神为体，西洋文化为用"的理论构想，预言世界文化的未来将是儒家思想的新开展。儒家思想的新发展是一个兼有历史性和时代性的重要理论问题。贺麟认为，民族复兴在本质上是民族文化的复兴。"民族文化的复兴，其主要的潮流、根本的成分就是儒家思想的复兴、儒家文化的复兴。假如儒家思想没有新的前途、新的开展，则中华民族以及民族文化也就不会有新的前途、新的开展。换言之，儒家思想的命运是与民族的前途命运、盛衰消长同一而不可分的。"贺麟认为，一个有良知的中国哲学家在思考民族和国家的前途时必然会面对儒家思想的新开展问题。

在儒家思想的新发展的具体途径上，贺麟十分强调两个方面的因素：一方面是深刻检讨和反思儒家思想，以重新发扬儒家文化的真精神。贺麟认为，儒家思想现代转型的一个重要条件是对传统观念进行实质性检讨。检讨可以是形式上的审查，也可以是实质性的批判。贺麟侧重在后一种检讨上，认为检讨的本意不是打破砸碎，而是对儒家思想加以善意同情的理解，"寻找不可毁灭的永恒基石"，以重新阐释和发扬儒家文化的真精神。他在《五十年来的中国哲学》中对梁漱溟、冯友兰、马一浮等现代新儒家思想的评述也体现了这一思路。贺麟对儒家思想检讨的一个典型例子就是他对"五伦"观念的同情理解。他经过考察，发掘出传统五伦观念所蕴含的基本质素："注重人与人的关系""维系人与人之间的正常永久关系""以等差之爱为本而善推之""以常德为准而皆尽单方面之爱或单方面的义务"。这四个质素体现了五伦观念的真精神，任何试图对五伦观念加以补充或推翻的举动都必须依于这四个质素。汉代以后，五伦观念被制度化和教条化，成为束缚个性发展的礼教的核心内容，其包含的真精神为礼教的桎梏所掩蔽，但是，一旦把五伦的真精神从外在的礼教的遮蔽中剥离出来，便能重新建立起指导现代生活的新规范和准则，使其呈现出现代性的文化面貌。对儒家思想进行检讨批判的过程就是一个使其得以新开展的过程。

贺麟强调的另一方面在于彻底认识西方文化，从儒家文化的本位立场出发吸收西方文化。儒家思想现代转型的一个重要条件就是对西方文化的彻底了解和把握。只有真正认识一种文化才有可能超越它，转化它。所以，贺麟认为，儒家思想的复兴必须经历西方文化的考验。儒家思想的新开展，不是建立在排斥西洋文化上面，而是建立在彻底把握西洋文化上面。"儒家思想是否复兴的问题，亦即儒化西洋文化是否可能，以儒家思想为体、以西洋文化为用是否可能的问题。中国文化能否复兴的问题，亦即华化、中国化西洋文化是否可能，以民族精神为体、以西洋文化为用是否可能的问题。"贺麟认为，西方文化包含三个方面：哲学、宗教和艺术。与此相类似，儒家思想也包含有三方面：格物穷理、寻求智慧的理学；磨炼意志、规范行为的礼教；陶养性灵、美化生活的诗教。因此，儒家思想的新开展，必须与西方文化的三个方面相结合。第一，必须以西洋的哲学发挥儒家的理学。贺麟认为苏格拉底、柏拉图、亚里士多德、康德、黑格尔的哲学与中国孔孟、老庄、程朱、陆王的哲学会合融贯而能产生发扬民族精神的新哲学，解除民族文化的新危机，是新儒家思想发展所必循的途径。这样可以使儒家的哲学内容更为丰富，体系更为严谨，条理更为清楚，不仅可作道德可能的理论基础，且可奠定科学可能的基础。第二，必须吸收基督教的精华以充实儒家的礼教。贺麟认为儒家的礼教本富于宗教的仪式与精神，而终究以人伦道德为中心。宗教则为道德注以热情、鼓以勇气。宗教有精诚信仰、坚贞不二的精神；宗教有博爱慈悲、服务人类的精神；宗教有襟怀广大、超脱尘世的精神。在贺麟看来，基督教为西方文明的骨干。他断言，如中国人不能接受基督教的精华而去其糟粕，则绝不会有强有力的新儒家思想产生出来。贺麟对基督教的态度将在后面专门讨论。第三，必须学习西洋的艺术以发扬儒家的诗教，使儒学艺术化。贺麟认为，诗歌、音乐、建筑、雕刻、绘画、小说、戏剧等艺术形式，都蕴涵着无尽的美的价值，都是民族精神与时代精神之表现。儒家传统中本有乐教与诗教，但在后来的发展中，要么消逝，要么衰微，从而造成儒学迂拘枯燥，缺少活泼的生趣。贺麟认为，过去儒家因乐经佚失，乐教中衰，诗教亦式微。今后儒家的兴起，与新诗教、新乐教、新艺术的兴起，应该是联合并进而不分离的。他明确倡导吸收西洋艺术的浪漫主义精神来改造迂腐、严酷的旧道学，以使儒学艺术化、情感化，从而更富有感召力和生命力。

贺麟认为，儒学是合理学、礼教、诗教三者为一体的学养，也即哲学、宗教、艺术三者的结合体，因而新儒家思想的开展将循哲学化、宗教化、艺术化的途径迈进。这就是贺麟建构的融理学、礼教、诗教于一体的新儒学发展的基本途径。在他看来，经过哲学化、宗教化、艺术化的新儒学，不但可以减少狭隘的旧道德的束缚，解放个性，发展人们的自由，而且还可以提高科学兴趣，奠定新儒学的思想和精神基础。这样才能够使僵化的、丧失了孔孟真精神的儒家思想获得新开展，增加新的活力与生命，更可借以应付新的民族危机。这种儒学的"三化"方法既是贺麟改造传统儒学来谋求儒家思想的新开展的主要方法，也是他构建的现代儒家"新心学"思想体系的主要理论特色。正是基于这一方法，贺麟展开了他"心即理""心即物""心即性""体用合一""知行合一"等诸多哲学命题的具体论述，从而构成了他的"新心学"的主要内容和兼综、融会中西哲学的思想特征。

中西文化体用问题实际上是关于儒家文化的现代出路的核心问题。贺麟对这个问题的回答是基于他对中国文化面临的现代危机的清醒认识。他认为，中国面临的现代危机实质上是一个文化的危机，而文化危机的核心是儒家思想的危机。近代以来，儒家思想遭到来自儒学内部和西方文化外部的双重夹击，逐渐显露出衰败的迹象。尤其是五四运动以来的全盘西化浪潮席卷中国大地，儒家思想被社会潮流所淘汰。崇洋媚外、数典忘祖的风气一浪高过一浪。他认为，一旦儒家思想在中国人的文化生活中不占主导地位，失去了自主权，或者说，丧失了其在现代中国社会中为人们所认同的根据，将是现代中国遭遇的最大文化危机。但是，这种危机之中也潜伏着中国文化发展的机遇。儒家思想的危机预示着儒家思想现代转型的契机，在中国占据主导地位的儒家思想通过吸收西方文化的优点，通过自我的大胆革新，就能推陈出新，浴火重生。例如，新文化运动阶段是对儒家思想批判最激烈的时期，从表面上看儒家文化摇摇欲坠，险象环生，但实际上是儒家文化新开展的一个重要契机。贺麟认为，新文化运动中激进知识分子对儒家思想的批判，只是扫除其不合于现代生活之道的部分，使儒家真精神进一步得到澄明。表面上看，新文化运动是一个打倒孔家店的运动，但实际上，它在促进儒家思想新发展方面的功绩远远超过曾国藩、张之洞等前代人的努力。因为新文化运动的最大贡献在于破坏和扫除儒家的僵化部分的躯壳的形式末节，及束缚个性的传统腐化部分。它并没有打倒孔孟的真精神、真意思、真学术，反而因其洗刷扫除的功夫，使得孔孟程朱的真面目更显露出来。新文化运动中一些先进知识分子通过对诸子学说的阐发来发挥、补充孔孟之道，有利于儒家吸纳非儒家个派的思想养料，促进儒家的发展。尤其是西方文化的大规模输入，给儒家文化的现代化提供了强有力的动力支持。因此，他认为与其把西方文化的引进看作是对儒家思想的沉重打击，不如看作是给儒家思想的新开展提供一个考验。贺麟说："如果儒家思想能够把握、吸收、融会、转化西洋文化，以充实自身、发展自身，儒家思想则生存、复活而有新的发展。"贺麟曾专门考察从严复到金岳霖、洪谦的工作，考察西方哲学在中国的传播、研究情况，还分析了实用主义和唯物辩证法两种来自西方的时代思潮的特征。他乐观地表示，第三种时代思潮将会是扬弃实用主义和唯物辩证法两者而后生的新中国哲学，即儒家思想的新开展，他倡导的"新心学"就是一个例子。他自己对黑格尔的绝对说与朱熹的太极说的比较研究更是从一个实例的角度论证儒学现代转化的可能性。贺麟认为，正是经历了五四运动这个历史阶段，现代新儒家才能进行思想的大革新和生命的大喷发，在现代中国文化思潮中崛起。宋明理学能够发扬先秦儒学，消化玄学、佛教，那么，未来的新儒学也能儒化西洋文化，世界文化的未来将是儒家思想的新开展。正如宋明理学不是"佛化"的中国哲学，而是"化佛"的中国哲学一样，中国未来要发展的是"化西"的中国新文化，而不是"西化"的中国文化。

从贺麟对儒家思想新开展如何可能问题的回答可以看出，他显然是站在"化西"（儒化西洋文化）的立场上，也就是

"以我为主""自作主宰"的中华文化本位立场来思考中国文化吸收西方文化和实现现代转化的，而不是站在"西化"的立场上，也就是以西方为标准改造中国文化的立场来讨论儒家文化的现代化问题的。他认为，对儒家思想的检讨和对西方文化的吸收都离不开"我们"这些学习与反思的中国人自己的"主体性""主体逻辑心"。因此，树立中国文化的主体自觉性是实现儒家思想现代化、世界化的根本前提。有了这个"主体逻辑心"，就一定能发展出全新的中华文化、儒家新境界。贺麟这一观点已经透露出先秦儒学、宋明理学、现代新儒学的三期发展论。此后，到 20 世纪 50 年代至 60 年代，在港台宣扬新儒学的牟宗三和唐君毅明确提出儒学三期发展的理论。

## "会通中西"的体用观

甲午中日战争、八国联军侵华战争和瓜分中国狂潮的兴起，使中华民族面临的危机空前严重。同时，随着西学在近代中国的广泛传播，"中体西用"的文化发展模式在西学大潮的剧烈冲击下逐渐解体，"西用"挟着"西体"滚滚而来，"中体"的地位逐渐动摇，"中体"的内涵也逐渐萎缩。以康有为、梁启超为代表的资产阶级维新派虽然没有完全抛弃"中体西用"论，但他们强调"中西并重""体用并举""无得偏废"，主张中西会通融合，实际上是以"西用"侵蚀"中体"，从而改变"中体"。康有为甚至把西方的资产阶级君主立宪、议会民主制借着"孔子改制"旗号的掩护偷偷挟带而入"中体"之中，从而使"中体"开始发生质变，儒家经学宣告终结，"中体"的地位从内部逐渐动摇了。伴随而来的"会通中西"和

"全盘西化"两股浪潮澎湃而来，最终冲毁了"中体西用"的思想大堤而泛滥开来。

最早主张"会通中西"的中国学者代表是严复。他是第一个对"中体西用"论进行大胆而系统批判的学者。1902 年，他在《外交报》上发表的《与外交报主人书》一文中一针见血地指出"中体西用"论在逻辑和内容上的荒谬。他认为，洋务派和张之洞的"中体西用"之论把中学的体用和西学的体用不恰当地割裂开来，导致人们对中国文化和西方文化的双重误读和误解，由此得出不恰当的结论和方法，最终必然导致失败。他说："体用者，即一物而言之也。有牛之体，则有负重之用；有马之体，则有致远之用。未闻以牛为体，以马为用者也。中西学之为异也，如其种人之面目然，不可强谓似也。故中学有中学之体用，西学有西学之体用，分之则并立，合之则两亡。议者必欲合之而以为一物。且一体而一用之，斯其文义违舛，固已名之不可言矣，乌望言之而可行乎?""中体西用"既不可行，于是严复正式提出了"会通中西"的主张，即"统新故而观其通，苞中外而计其全"。严复的"统新故""苞中外"的思维模式抛弃了对中西文化的肤浅认识和简单地比附中西的做法，把对"体用"关系的理解推进到一新阶段，即"中学有中学之体用，西学有西学之体用，二者可统观会通"。尽管洋务运动、戊戌变法、"新政"和"预备立宪"运动都把"中体西用"视为指导思想，但自戊戌维新以后，"中体西用"的思想逐渐向"中西会通"的思想过渡，清政府在表面上也无可奈何地受了"中西会通"思想的熏陶，从而接受了"立宪"思想，而孙中山领导的同盟会和革命派则进一步接受了西方

"民主""共和"的思想，在更具体的层面上实践"中西会通"的思想。孙中山在哲学上以"心物"说体用。他说："夫心者，万事之本原也。"他对国民的心灵素质大敲警钟："国民！国民！究成何心？不能乎？不行乎？"他主张从事心理建设，以破除中国人心理与思想上的大敌，救国人于迷津。五四运动以后的"学衡派"基本上继承了"会通中西"的全部学术观点和立场。

主张"全盘西化"的学者主要有"五四"时期的文化自由主义者胡适、陈独秀、吴虞、钱玄同、陈序经等，他们主张以西方启蒙运动以来提倡的"民主""科学"为中国新文化的根本基础，以"打倒孔家店""全盘西化"（又称"欧化"）或"充分世界化"的主张来彻底否定"中体西用"论，采纳"西体西用"的方案来挽救中国面临的民族危机。陈独秀认为，"欧洲输入之文化与吾华固有之文化，其根本性质极端相反"，因此，"新旧之间绝无调和两存的余地""我们现在认定只有德先生和赛先生（即民主与科学）可以救治中国政治上、道德上、学术上、思想上一切的黑暗"。陈独秀主张"欧化"，集中到一点，就是拥护民主与科学。"五四"以后，马克思列宁主义在中国的广泛传播也为"西体西用论"提供了巨大的发展空间。

贺麟早年受家庭文化的熏陶，对儒家思想有一定的了解，尤其是对程朱理学有较深刻的体悟和把握，后来受"学衡派"代表吴宓的影响，持"会通中西"的思想观点。抗日战争时期，他曾旗帜鲜明地提倡过"以儒家思想为体，以西洋文化为用"的文化保守主义立场。但从总体上看，贺麟建立自己"新心学"思想体系的基础是"以西体补中体，以西用补中用"的中西会同互补文化观。从宏观整体的角度上看，贺麟通过对文化体用观的深刻分析，以中西会通的开放精神批评了全盘西化论、中体西用论的偏差。贺麟指出，由于近现代中国人研究西方文化偏于求用而不求其体，故明显地表现出急功近利的浮躁心态和追求具体功效的实用主义学习研究态度。而这导致了中国人只学习了西方文化的皮毛和枝叶，而未能得其精髓和根本。与严复一样，贺麟批评了洋务派"中体西用论"的理论缺陷。他认为，中学与西学各自有其体用。西洋的物质文明自有其精神文明为体，不能说它是有用而无体。宋儒以理学为体，亦有其对自然、人生、社会、历史种种事业之关注，不能谓之有体而无用。他认为只有这样来看待中西文化才符合体用合一的原则。他说，中体西用论者张之洞认为中学为道学，西学为器学，这是对中国文化和西方文化的严重误读，变成了认为中学有体而无用、西学有用而无体。全盘西化论者研究西洋学术总是偏于求用而不求体，注重表面而忽视本质。他们共同的弊端是只注重于西方文化的"用"，而轻视西方文化的"体"。贺麟指出，学习西方文化既要知情于形而下的事物，又要寄意于形而上的理则，得其体，才"不致被动地受西化影响，奴隶式的模仿"。因此，他强烈地主张对西方文化各种理论的原原本本加以彻底的全盘的认识和了解，能够"得其体用之全或得其整套"。他从自己的"新心学"思想体系出发，在"心体物用"论的基础上提出"以精神或理性为体，而以古今中外的一切文化为用"的中西会通原则。他指出应该"以道、以精神或理性作本位""不管时间之或古或今，不管地域之或中或西，只要一种文化能够启发我们的性灵，扩充我们的人格，发扬民族精神，就是我们需要的文化"。

　　贺麟认为，要想彻底认识西方文化就必须批判和深刻检讨西方文化。只有不断检讨西方文化，才有可能更加彻底地认识西方文化的根本精神和现实功用。他对近代以来中国知识分子认识西方文化的历程进行了深刻反思。他说，我们认识西方文化一向只看外表，并未把握其核心所在。一开始，我们学习西方的船坚炮利，学习他们发达的物质文明；戊戌变法以后，我们学习西方的政治法律等社会科学，仿效他们的政制建立民国；到了新文化运动，我们认识到学习西方思想和精神的必要性，但是所学的还只是实用主义、民主和科学，还只是停留在"用"的层面上，并没有了解西方文化的"体"。他指出，洋务派强调的西方文化的"坚船利炮"和现代科学技术，革命派推崇的"民主""共和"政治理想，以及"五四"以来新文化派学者鼓吹的"民主""科学"，都只是西方文化发展的工具和手段，而西方文化的核心价值（"体"）却在于西方的宗教精神、哲学思想和艺术成就。而这又是全盘西化论者和中体西用论者都十分漠视的东西。西方现代文明不仅是物质文明，其背后有精神文明尤其是宗教精神做基础。西方现代文明的一切特点，如科学、民主、工业化，在基督教中均有详尽体现。贺麟认为，基督教和科学并非互相反对，基督教对科学的发展有保护和促进之功。"科学家一面固然追求纯理智的真理，一面在情感上亦仍旧须求得宗教的安慰，两者可并行不悖，并无不兼容之处。"基督教里充满了民主精神，如基督教打破贵族观念，主张在上帝面前一律平等，基督教主张办学校、开医院，具有为平民服务的精神等，美国总统林肯提出的"民治、民享、民有"都是基督教民主精神的体现。此外，按照社会学家马克斯·韦伯在《新教伦理与资本主义精神》里的观点，实行宗教改革后的基督教中的道德观念如勤劳、敬业、信用等，最适宜于资本主义工业化社会，并且有助于社会的工业化。贺麟说："一个城市中如只有烟囱而没有教堂，总觉得是像缺了一面，是变态。"因此，如果我们引进西方文化时只是介绍民主和科学，只是输入工业化，而忽略了基督教，那么，不可能真正认识西方文化之"体"。

贺麟提倡的这种对西方文化彻底全盘的认识和了解与全盘西化论有着很大的差异。在贺麟看来，全盘西化论是一种被动的"奴隶式的模仿"，是以西方文化之是非为是非，是一种殖民主义的洋奴哲学，因此他予以坚决拒斥。他主张要对西方文化的体用作全盘了解，但并不主张全盘西化。通过全盘了解西方文化，然后对之进行深入的分析批评与吸收，基于对西方文化的透彻把握和对中华民族文化的创造性转换与发扬，建立适合本民族生活时代之需要的新文化形态，这种新文化是融合中国文化的体用与西方文化体用的结晶，但与传统的中国文化体用观和西方文化的体用观都有很大的不同。他主张以西方文化之体（哲学、宗教、艺术）补充中国文化之体（理学、礼教、诗教），以西方文化之用（民主、科学、工商业）补充中国文化之用（君主专制、宗法制度、农业技术），通过中西文化的会同与互补，建立中国新的文化体用观，可以称为"新体新用"的文化观。

# 三、贺麟对陆王心学的新阐释

## 宋明理学两大派

宋明儒学主要有程朱理学、陆王心学两大派。

程朱理学是指宋代程颢、程颐、朱熹为代表的哲学学派。该学派肇端于北宋的周敦颐，奠基于程颢、程颐，完成于南宋的朱熹，是理学中最大的学派。程颢、程颐早年受业于周敦颐，接受其道德性命之学的观点。他们自创"天理"概念作为宇宙万物和人生的绝对本体，并以"理"为最高范畴建立自己的哲学体系。他们利用《周易·系辞》中"形而上者谓之道，形而下者谓之器"一语，提出"理"是形而上者，"器"是形而下者，认为形而上之理是促使阴阳变易的根本，认为天下万物只是一个"理"。君臣、父子、夫妇等人伦道德之理是无所逃于天地之间的"天下之定理"。朱熹继承和发展了二程的理学思想，而且集诸儒之大成，对北宋以来的理学思潮进行了全面总结，建立了一个庞大的理学体系。他继承发展了周敦颐的《太极图说》，把"太极之理"作为哲学的最高范畴，认为"理"为宇宙之本原，并发挥了"理一分殊"说；他批判地吸收和改造了张载关于世界统一于气的思想，系统地论述了理气的关系；他在二程思想的基础上建立起完整的人性学说和有关修养方法的学说，认为人性为"理"的体现。他提出了系统的格物致知说和知行学说，主张为学之道在"穷天理，去人欲"，其方法为"格物致知""居敬穷理"和"惩忿窒欲"。由于他的学说以二程思想，特别是以程颐思想为基础，以"理"为最高范畴，而与以陆九渊为代表的"心即理"的思想有所不同，后来的学者把他和二程联系起来，统称为程朱理学。程朱理学是中国古代社会后期最大的哲学学派。从南宋后期起，它逐渐受到历代统治者的重视，历经元、明、清三代，一直居于中国思想界的统治地位，对中国古代社会后期的政治、经济、文化产生过巨大的影响，并对朝鲜、日本、越南等国也产生了十分深远的影响。

陆王心学是指宋明时期以陆九渊、王守仁（阳明）为代表的儒家哲学流派。南宋时，陆九渊针对朱熹等人的"理"在人心之外、"即物穷理"的理论提出"心即理"的心学观点，倡言"发明本心""求其放心""先立乎其大者"的简易主张，并提出"六经注我"的学习经典的方法，成为与朱熹一派理学相持对立的一家，被称为心学。宋代以后，由于程朱理学成为官方正统统治思想，陆学影响不如朱学大。到明代中期，陈献章由朱学转向陆学，王守仁更以陆学传人自任，宣扬心学。在本体论上，王守仁认为"心"是天地万物的主宰，提出"心即理""心外无物""心外无理""心体物用"的命题。在伦理道德修养方面，他提出"致良知"的修养方法，认为"良知"就是"天理"，认为良知是每个人都有的，"满街都是圣人"，但并不是每个人都能照着良知去做，所以需要去"致"良知。王守仁晚年把他的致良知思想归结为"四句教"，即"无善无恶心之体，有善有恶意之动，知善知恶是良知，为善去恶是格物"。由此他进一步提出"知行合一"的观点，反对宋儒"知先行后"的说法或"知而不行"的做法。他认为"知是行的主意，行是知的功夫；知是行之始，行是知之成"。他的知行合一说一方面强调道德意识的自觉性，另一方面强调道德实践的重要性，强调要言行一致，打破意识活动与实践活动的界限，甚至认为一念发动处即是行。王守仁的思想流行达一百五十年之久，形成了盛极一时的阳明学派，在明代影响极大。王守仁是陆九渊以后影响最大的儒家心学家，曾被明统治者誉为"学达天人，才兼文武"的真儒。明代后期，王学大盛，出现了众多流派，其中以王艮为代表的泰州学派和李贽等人影响较大。泰州学派内部各人思想不尽相同，但有个共同的趋势，就是强调儒家的"圣""贤"是人人可学的，即便是农、工、商贾也可以学做圣贤，主张"百姓日用为道""士农工商异业而同道"，声称"人人天地性，个个圣贤心""满街都是圣人"。但是，王阳明心学虽然起过冲击圣贤偶像崇拜、弘扬人的主体性和主观能动性的积极作用，却也掀起了空谈心性、不切实际之学风，对明代中叶以后学术的发展和社会的进步产生了不良影响。到清代以后，王阳明的心学就失去了影响力，代之而起的是官方正统的程朱理学、经世致用之学和训诂考据学。

## 贺麟对新儒家的总结

贺麟思想是通过对现代新儒学思潮的分析和总结而逐渐形成的。在20世纪重建儒家哲学的过程中，中国现代儒家知识分子借用西方哲学思想对儒家哲学采取了知识化、哲学化的思维进路，其中具有代表性的思想理论成果有"新心学"（梁漱溟、熊十力、马一浮）、"新理学"（冯友兰、金岳霖）、"新气学"（张申府）和"新史学"（钱穆）等。贺麟坚定地认为，"五四"以来，尽管西方各种学术思潮和社会学说在中国传播广泛，但总体而言，现代新儒家哲学代表了20世纪上半叶中国哲学思潮发展的主流，而对陆九渊、王阳明心学思想的新阐发则又是现代新儒学发展的主流思潮。其中，现代儒家"新心学"理论体系的建构是现代新儒学最突出的理论成就。他认为，从康有为、谭嗣同、梁启超到梁漱溟、熊十力、马一浮、牟宗三以及他自己，均大力发扬了陆王心学及其"明本心""致良知"的精神。20世纪40年代，贺麟建立了"新心学"思想体系，因此被尊为现代新儒学八大家之一。

贺麟在《五十年来的中国哲学》一书里对梁漱溟、熊十力、马一浮等现代儒家"新心学"思潮的代表人物进行了详细的评析。他认为，梁漱溟为"五四"以后倡导陆王心学最有力的代表人物。梁漱溟比较有系统，有独到的见解，自成一家言，代表儒家，代表东方文化说话，坚决地站在陆王学派的立场，提出发挥孔子的"仁"和阳明的"良知"的观点。他接续陆王，重视人文精神和人生态度的建设，认为宇宙大生命的核心是"人心"，而"人心"是通向生命本性或宇宙生命本原的一种特殊性质的主观世界。他认为"人心正是宇宙本原的最大透露"，把王阳明强调的"心""本心"视为宇宙的根本主宰。贺麟指出，梁漱溟一方面倡导儒家的人生态度，另一方面又主张全盘接受西方的科学和民主，这虽未完全逃出"中学为体，西学为用"的旧框架，但却比较巧妙地避免了东方文化优于西方文化的褊狭复古思想，因而有别于当时冥顽不化的复古主义者。在贺麟看来，梁漱溟的观点在当时的社会起到了"使人对整个东方文化的前途有了无限的乐观和希望"的作用，从而增强了中国人对于民族文化的信心和自尊心。但贺麟认为，梁漱溟的思想是文化问题，他发挥儒家陆王一派思想，注重人生态度，却很少涉及本体论及宇宙论的建立，也缺乏对"直觉""意欲"等概念的清晰界定，缺乏严密的逻辑性和思辨性，因此缺少了对儒家哲学形而上学的研究，不免失之简单与粗糙。

贺麟对熊十力及其"新唯识论"给予了高度的评价。他认为熊十力是近代以来得陆王精意的学者，为陆王心学之精微化、系统化而独创新儒学体系之集大成者。熊十力著《新唯识论》，认为世界的本体与本质不是"物"，而是"心"，是本来自有的心，即"本心"。本心即是宇宙的本体。熊十力说："本心即万化实体，而随意差别，则有多名。""本心"是无形相、无质碍、清静本然的、大全的宇宙真理，是能动的主体。他认为太极、天道、本体即生生不息的仁之本体，其生生不息的真机流行即是仁之功用。功用不离本体，本体亦不离功用独存。实体不是造物主，而是一种生命，是功用，是流行。他因此十分强调主体能动性和宇宙生命变革的思想，认为物随心而转，故有生命的意义。现代新儒家牟宗三继承了这个思想传统，也把"本心"看作宇宙万物的本体。贺麟认为，熊十力的"新唯识论"的高明之处在于，他虽以佛学元论开篇，但却不困于佛学；它不单讲本心，而且讲阖辟；不只讲本体，而且讲大化流行之功用，故能发挥王阳明"即知即行"的思想意蕴，提出"体用不二""即流行见本体"的说法。在贺麟看来，熊十力从本体论和宇宙论的角度阐发陆王心学所建立的形上学，不但弥补了梁漱溟哲学的缺陷，奠立了新儒学形上学的本体论基础，而且与贺麟自己提出的关于"本心即理，心者理也"的本体论宇宙观思想相契合。这一点正是贺麟自己后来建立"新心学"思想大加阐扬之处，并成为其"新心学"思想体系的核心观点。

贺麟对于马一浮的心学思想也特别推崇，认为他是现代中国贯通程朱理学和陆王心学的杰出新儒家领袖。贺麟说："马先生兼有中国正统儒者所应具备之诗教、礼教、理学三种学养，可谓为代表传统中国文化的仅存的硕果。其格物穷理、解释经典、讲学立教，一本程朱；而其反本心性，祛习复性则接近陆王之守约。尤其能卓有识度，灼见大义，圆融会通，了无滞碍。"所以，他认为研究和分析马一浮的思想路向对于把握近现代儒学发展的全貌极有意义。马一浮（1883~1967），幼名福田，更名浮，字一浮，是20世纪上半叶与梁漱溟、熊十力等人齐名的现代儒家学者。他自幼饱读诗书，1898年应县试，名列会稽县第一名。青年时，他与同乡马君武、马叙伦游，风华正茂，以天下为己任。1901年，曾与马君武、谢无量在上海合办《二十世纪翻译世界》杂志，介绍西方文学。1903年6月，赴美国主办留学生监督公署中文文牍，后又赴德国和西班牙学习外语。1904年东渡至日本学习日文，回国后定居杭州。辛亥革命后，潜心研究学术，于古代哲学、文学、佛学无不造诣精深，又精于书法，合章草、汉隶于一体，自成一家。从1912年起至1937年，马一浮一直在杭州，孑然一身，身居陋巷，潜心研究儒、释、道等中国传统文化，与古人为伍，不屑于世务。著名画家丰子恺在其随笔《陋巷》一文中称马一浮为"今世的颜子"。蔡元培曾邀马一浮赴北京大学任教，蒋介石许他以官职，他均不应命。"七·七"事变的爆发激发起了马一浮的一腔爱国热情，他在南下避难的旅途中第一次应当时浙江大学校长竺可桢之邀，出山讲学，先后于江西的泰和与广西的宜山为浙江大学的学生开设国学讲座。他首先拈出宋代大哲学家张载的四句话"为天地立心，为生民立命，为往圣继绝学，为万世开太平"来教大家立志，希望大家"竖起脊梁，猛著精彩"，"养成刚大之资，乃可以济蹇难"（《泰和会语》横渠四句教）。他把对学生的抗战爱国教育贯穿于这些讲座之中。1939年夏，他在四川乐山嘉定乌尤寺创建了复性书院，担任院长和主讲，传授儒家经典，讲明儒家义理，弘扬六艺之教，培养了一批研究中国传统文化的优秀人才。他曾被周恩来总理称为"我国当代理学大师"。在中西文化观上，马一浮是一位坚定的中华文化本位论者，主张以发扬"中学"来包容"西学"。他极端强调中国传统文化的核心地位，目的在于提高人们对自己民族文化价值的认识，而不致陷于妄自菲薄和盲目崇洋的民族文化虚无主义。在哲学本体论上，马一浮主张"心"本体论。他认为"一切道术皆统摄于六艺，而六艺实统摄于一心，即是一心之全体大用也"。他从这种文化观和本体论出发，对于人类的文化，特别是中华民族的文化，充满了信心。他认为，国家生命所系，实系于文化，而文化根本则在思想。马一浮主张破除程朱陆王的门户之见，也主张破除儒佛、儒道、佛道，以及儒、佛、道内部的种种门户之争。他认为，一些人之所以斤斤计较于派别门户之争，都是他自己拘泥于局部而不通大道的偏见造成的。他说："大量者（识广宽容者）用之即同，小机者（识浅量狭者）执之即异。"因此，他认为只要是"以明性道为归"，那么"尽心知性亦得，明心见性亦得；养本亦得，去障亦得；当下便是亦得，渐次修智亦得"（同上，卷四《示鲜季明》）。由此可见，他对于儒释道的融会已达到了圆融无碍的境地。所以贺麟称赞他能"随意拈取老、庄、释典以阐扬儒家宗旨，不惟不陷于牵强附会，且能严格判别实理玄言，不致流荡而无归宿"。由此可知贺麟对马一浮的褒扬之情。

与此同时，贺麟从陆王心学立场出发，对冯友兰的"新理学"哲学也有评价。他认为，冯友兰虽然深受英美新实在论的影响，但实际上仍是程朱理学的继承者。他指出："冯先生认为任何事物之所以成为事物，必依照理，必依照气，这是承继朱子认事物为理气之合的说法。而冯先生特别对于朱子万物莫不有理之说加以新的发挥。"他认为，新理学确实"有集中国哲学大成的地方"，而冯友兰本人亦无疑是抗战时期"中国影响最广、声名最大的哲学家"。但他认为"新理学"有支离、拉杂之弊。他说："我尝讲，讲程朱而不能发展到陆王，必失之支离。讲陆王而不能回复到程朱，必失之狂禅。冯先生只注意程朱理气之说，而忽视程朱心性之说，是讲程朱而排斥陆王，认陆王之学为形而下之学，为有点拖泥带水……且与近来调和朱陆的趋势不相协合。"在贺麟看来，冯友兰不仅排斥陆王，而且也没有能够全面、正确地把握程朱，他取程朱理气之说而去其心性之学，无异于是"取其糟粕，去其精华"。这种批评实际上包含着"新陆王"批判"新程朱"的意义。

由于新心学产生于 20 世纪 40 年代，是较晚出的新儒家哲学，因而能对此前的新儒学思潮作出评判和总结，并吸收他人的经验与教训，多少克服了前人的理论缺陷。贺麟正是通过对早期新儒学思潮的总结和评价，指证其得失成败，吸取其经验教训，并试图借助西方现代唯心主义的思想方法，以复活陆王心学为基础，建立一种新的哲学思想，以推进新儒学思潮的发展。所以，贺麟的"新心学"思想体系受陆九渊、王阳明心学的影响，又继承了熊十力"体用不二"的思想原则，同时吸取了斯宾诺莎的理性主义和黑格尔的唯心论思想。

## 贺麟的"新心学"

早在20世纪40年代，贺麟就建立了儒家"新心学"思想体系，成为中国现代新儒家思潮中声名卓著的重镇。他认为，要复兴中华民族，就必须要复兴儒家文化；要复兴儒家文化，就要大量吸收并转化西方思想，用西方哲学发挥中国哲学。对西方哲学，他特别重视斯宾诺莎的理性主义、黑格尔的唯心主义思想；对儒家哲学，他尤其关注陆九渊、王阳明的心学，认为陆王心学重视自我意识，对个人与民族自觉都有积极意义。他特别重视王阳明的致良知说，认为它对于人安身立命、求心之所安很有价值。因此，他主张将新黑格尔主义与中国的陆王心学相结合，建立新陆王哲学，即"新心学"。

贺麟的"新心学"是对中西文化融会贯通的重要结晶，是中国的陆王心学与西方的新黑格尔主义相结合而产生的新哲学。贺麟"新心学"的核心是"儒家思想的新开展"，即吸收西洋文化的精华以充实、发展自身，求得文化上的独立与自主，并在"儒家思想的新开展"里达到新与旧、今与古、中与西的交融、汇合。在中国哲学史上，贺麟起到了一种会通、融合的作用，即融通中西文化，从而使西方文化的"华化"成为可能；打通理学与心学，从而使中西哲学会融一家。在哲学方法上，贺麟自觉地把儒家思想方法与黑格尔的辩证法结合起来，从而形成了一个将直觉方法与抽象方法相结合的方法论系统，贺麟尤其重视从本体论和宇宙论理论角度来为新儒家思想奠定哲学理论的基础。贺麟在他的"新心学"思想体系中自觉地谋求以逻辑认知和理性思辨为主要特征的西方哲学与以道德修养和直觉体悟为核心的中国哲学之间的融通与结合，追求情感体验与逻辑思辨的统一。他认为，中国的儒家文化有以"格物"为标志的知识智慧之学，有以"礼教"为核心的意志之学，有以"诗教"为中心的艺术之学，这与西方文化的哲学思辨、宗教精神和艺术体验完全相契合。中国哲学的新发展，就是促进儒家思想向艺术化、宗教化、哲学化的方向发展，为中国新文化奠定坚实的精神基础。贺麟坚信，"中国许多问题，必达到契合儒家精神的解决，方算得达到至中正、最合理而无流弊的解决。如果无论政治、社会、文化、学术上各项问题的解决，都能契合儒家精神，都能代表中国人的真意思、真态度，同时又能善于吸收西洋文化的精华，从哲学、科学、宗教、道德、艺术、技术各方面加以发扬和改进，我们相信，儒家思想的前途是光明的，中国文化的前途也是光明的。"

贺麟的"新心学"虽然没有形成象"新唯识论"或"新理学"那样严整的思想体系，但它公开打出"回到陆王去"的旗帜，同冯友兰的新理学相抗衡，在学术风格与学术旨趣方面皆对现代新儒学有独特的贡献。贺麟不同意冯友兰只讲程朱而排斥陆王的哲学立场，认为"心即理"一语足可调和程朱理学和陆王心学、客观唯心论和主观唯心论的矛盾。贺麟承袭王阳明的"知行合一"论，并从心理学、生理学角度加以论证，提出"自然的知行合一观"，构成其"新心学"的基本内容。

　　贺麟将"中国新哲学"冠以"现代新儒家"之名，使他成为中国现代文化史上明确提出"新儒家"概念的第一人。贺麟说："广义的新儒家思想的发展或儒家思想的新开展，就是中国现代思潮的主潮，无论政治、社会、学术、文化各方面的努力，大家都在那里争取建设新儒家思想，争取发挥新儒家思想。"贺麟的"新心学"是他匠心独创的思想体系，是他作为哲学家的智慧结晶和独到贡献。

　　贺麟的思想自始至终都贯穿着"现代与古代的交融，最新与最旧的统一"这一基本宗旨，因而其思想表现出了少有的包容性和开放性。正如著名台湾学者韦政通所说："贺麟对儒家思想所开展的构想，最值得称道的是，他站在弘扬儒家的立场，对新文化运动的反儒家思想能超越敌对意识，了解其限制，发现其对儒家思想新开展的积极贡献。"而对于西方哲学，贺麟亦超越了论定高下优劣的褊狭的思维定式，而以开放的襟怀和平等的眼光，将中西文化视为人类共同的精神财富，认为两者互有短长，要在互补。他说："我们要认识哲学只有一个，无论中国哲学、西洋哲学都同是人性的最高表现，人类理性发挥其光辉以理解宇宙人生，提高人类精神生活的努力……我们都应该把它们视为人类的公共精神产业，我们都应该以同样虚心客观的态度去承受，去理会，去撷英咀华，去融会贯通，去发扬光大。"因此，他能够站在更高的层次上，在更大的范围内谋求和致力于中西哲学、文化的融会与贯通。在一定的意义上，贺麟是现代新儒学发展过程中一个承前启后的集大成者，对推动现代新儒学运动的发展作出了不可磨灭的贡献。

## 本体论问题

贺麟深受德国唯心论哲学和宋明时期陆王心学思想的熏陶，并建立了他的唯心主义本体论。在本体论上，他认为世界上的一切"自然之物"和一切"文化之物"都是"道"和"精神"的显现，也就是"主体逻辑心"的显现。贺麟的新心学体系主张以"心"作为宇宙万物的本体，而将具体的万事万物作为"心"的表象和功用，这种思想与王阳明完全一致。

本体论问题是哲学的核心问题，是哲学中研究世界的本原或本性问题的理论。西方哲学从古希腊起就已有本体论问题的研究，但直到 17 世纪才出现了本体论这个术语。18 世纪，德国的沃尔弗将其概括并首作阐发。按照沃尔夫的观点，哲学可以分为两个部分：一是理论哲学，包括本体论、宇宙学、心理学和神学；二是实践哲学，包括伦理学、政治学和经济学。他认为，本体论属于哲学的理论科学，在哲学知识体系中居于最高级的地位，起着十分重要的哲学理论基础性作用。他的主张在西方哲学界至今仍颇流行。19 世纪，西方哲学对本体论问题的研究兴趣下降。20 世纪以后，形而上本体论研究有所复兴。虽然这时的本体论研究呈现出迥然各异的态势，但其共同点都在于对人类生存根本问题的关注和对人文精神的呼唤。

20 世纪以来，现代新儒家有不少思想家都试图从哲学本体论的角度建构儒学本体论的新体系。他们认为，世界总有其统一的基础，万事万物总有其统一的存在根据和根源，这统一的存在根据即所谓本体。现代中国哲学家金岳霖、熊十力等对本体论问题都有较为深入的思索。他们把西方人追问的存在的本体称为"道"或"本体"。在这个意义上可以说，金岳霖、熊十力等讨论的道论、元学或本体论，也就是西方哲学所讨论的本体论。金岳霖先生在《论道》（1940）中区分了知识论和元学，强调："知识论的裁判者是理智，而元学的裁判者是整个的人。"在他看来，在近代科学高度发展、科学主义严重泛滥的情况下，研究元学，探索人类生存的底蕴，弘扬人文精神，具有重要的意义。熊十力先生在《新唯识论》（1932 年出版文言本，1944 年出版语体文本）中批判了那种只肯定知识论、否定本体论的观点，认为："这种主张，可谓脱离了哲学的立场。因为哲学所以站脚得住者，只以本体论是科学所夺不去的。"在他看来，"本体"不可用理智（概念、判断和推理）去求，只能证会或体认（当下直悟），这体现出了柏格森的直觉主义的影响。"道"本体论的思想在中国传统哲学里早已经有了精妙的表述。例如，《易传·系辞上》说"一阴一阳之谓道"，意思是一切事物的内在规则（道）都有阴阳两个方面、两种力量，相反相成，相互推移，不可偏废，构成事物的本性及其运动的法则。自然和人事的变化都表现此"道"。《易传·系辞上》又说："形而上者谓之道，形而下者谓之器。""道"是无形象的，指事物的规律和准则；"器"是有形象的，指具体事物或名物制度。道器关系实即抽象道理与具体事物的关系，或相当于精神与物质的关系。《道德经》说"道生一，一生二，二生三，三生万物""朴（道）散则为器"。熊十力认为"道"为"器"之本体，"器"为"道"之表象。《庄子》里所说的"道"同样是指宇宙万物的共同的本质，是世界万物的终极原因和最终根据，又是世界万物的存在法则，以及物质世界无限运动的整体过程。明代心学家王阳明主张以"心""良知"为宇宙万物的本体。

贺麟的本体论思想深受中国传统哲学尤其是宋明时期陆王心学的启发，又受现代儒家熊十力心学思想的影响。他认为，"道"是宇宙万物和人生的绝对真理，是万事万物的至高准则，亦即真善美永恒的价值；"道"作为价值理念也是人的价值本体。他认为"道"即心，心即理，理即性，亦即人的"主体逻辑心"，其他的精神、文化和自然都是"道"或"心"的外化形式和功用。在心与物的关系上，贺麟认为心与物是不可分的整体。为了哲学解释方便才把二者分开来说，灵明能思者为"心"，延扩有形者为"物"。在哲学本体论上是"以心为体，以物为用"。在贺麟看来，"心"是唯一的主体或实体，心为主而不为客，命物而不命于物；"物"只有依赖于"心"才能存在，物是从心那里获得实在性的。他说："心是主宰部分，物是工具部分。心为物之体，物为心之用，心为物的本质，物为心的表现。故所谓物者非他，即此心之用具，精神之表现也。"这样，贺麟就突出强调了"心"相对于"物"的本体地位。在论述精神文明与物质文明的关系时，贺麟认为，作为"道"和"心"之两种显现方式，精神文明与物质文明相互补充、不可或缺。但是在根本意义上讲，精神文明是物质文明之本体，物质文明是精神文明之功用。贺麟说："我以为文化必不是纯粹文化，而必定以武力和物质为其因素；文化失去这两者就会变成空虚。例如我国，凡是文化最发达的时代，必定是精神文明与物质文明同时发达。"既然文化并不是纯粹的精神现象，就必须以物质为其要素，否则会变得空虚无实，可见精神文明与物质文明并没有高下之分，只有两者相互配合，才能构成一个有机的文化的统一整体。正是在这个意义上，贺麟强调："精神与物质乃同一实在之两面，经济实业与思想道德乃同一社会生活之两面，不能互为因果，互相决定。"然而，贺麟又强调说："被动的为经济所影响的思想道德，非真正的有意义有价值的思想道德。反之，为思想道德的努力所建设的经济实业，方是真正的经济实业。不然，未经过思想的计划、道德的努力而产生的物质文明，就是贵族的奢侈，贪污的赃品，剥夺的利润，经济生活的病态。"这就是说，作为道德思想的精神文明是体、作为经济实业的物质文明是用。贺麟还分析说，精神文明是"道"在文化中的具体表现。他说："文化包括三大概念：第一是真，第二是美，第三是善……真善美即是真理化、艺术化、道德化，而由于系高尚的情感、坚强的意志和正确的理智所产生，可以说即是精神化——精神文明。"在这个意义上，精神文明是"道"之体，物质文明是"道"之用，前者比后者更为重要。有鉴于此，他呼吁："作为北伐的基础、抗战的基础、建国的基础，所以我们的新哲学绝不反对物质建设，而是要求建筑在精神基础上的物质建设。"进一步突出了作为物质文明之体的精神文明的首要作用。在人的身与心的关系上，贺麟主张"心为身之体，身为心之用"的观点。他认为，心即理，良知即本心，也即本体。人的生命历程是一个不断追求良知的心路历程。

### 知行关系问题

在知行关系问题上，贺麟继承了王阳明的思想，把陆王心学"知行合一"的思想发展到新的阶段。贺麟从心外无物、理外无物、心即理也、理在心内的本体论出发，提出了知行合一、知体行用、知主行从、知难行易的"自然的知行合一"论。他先从知行概念的界说入手，解释"知行合一"的含意。他认为：第一，合一不是混一，知行本来合一、分而为二又复归于一；第二，知行合一乃是知行同时发动之意，在时间上彼此不分先后；第三，知行合一指知与行是同一生理、心理活动的两面，无"无知之行"，无"无行之知"，知与行永远在一起；第四，知行合一又是知行平行之意，平行说与两面说互相补充，分别是就时间上的进展与横断面的解剖而言。贺麟接着以提出身心平行论的斯宾诺莎和力求为道德学建立知识论基础的格林关于知行合一的看法为例，从内容上阐解知行关系。他说："知行永远合一，永远平行，永远同时发动，永远是一个心理、生理活动的两面。"在知行合一论上，他认为知行二者没有本质的区别，把知与行不可分割地拴在一起；另一方面，他又用主从和体用关系来解释知行关系，认为知是行的本质，行是知的表现。他认为，知是行之体，行是知之用；知永远决定行，故为主，行永远为知所决定，故为从；知永远是目的，是被追求的主要目标，行永远是工具，是附从的追求过程和手段。

贺麟自称其知行论为"自然的知行合一"论，以与朱子"理想的价值的知行合一"论和王阳明的"直觉的价值的知行合一"论进行比较。这样，他一方面为印证自己的学说寻找思想上的历史渊源，另一方面更是调解发挥宋儒旧说而创立新论。对此，他解释说："自然的知行合一观与任何一种价值知行合一观都不冲突（在学理上持自然的知行合一观的人，于修养方面，可任意选择理想的朱子的路线，或直觉的阳明的路线），不唯不冲突，而且可以解释朱、王两种不同的学说，为他们的知行合一观奠立学理基础。其实朱子虽注重坚苦着力的、理想的知行合一，但当他讲涵养用敬、讲中和、讲寂感时，已为阳明的直觉的知行合一观的预备。王阳明虽讲直觉的率真的知行合一，但当他讲知行之本来体段时，已具有浓厚的自然的知行合一观的意味。故自然的知行合一论，实由程朱到阳明讨论知行问题的发展所必有的产物。"

## 四、新黑格尔主义的影响

贺麟少年时就立下宏愿，要读尽天下好书。1926 年他赴美留学，使这个愿望得以实现。在国内，他的涉猎领域从清代焦循、戴震上溯到宋明时期的程朱、陆王；出国后，他又在实验主义、意志哲学、新实在论、新黑格尔主义等各派之间徜徉。最后，他重点偏向了新黑格尔主义一派，并由此上溯到黑格尔、康德、斯宾诺莎等为代表的西方古典哲学传统。贺麟"新心学"重要思想来源之一便是西方的新黑格尔主义。贺麟一生的学术追求就在于将中西古典哲学调和融贯起来，打成一片，力图通过会通中西来创建中国现代新哲学。贺麟用新黑格尔主义"绝对唯心主义"的观点印证陆九渊"宇宙即吾心，吾心即宇宙"的观点和王阳明"心外无物"的观点，提出了"心为物之体，物为心之用"的本体论思想，并自觉地从哲学基本问题的角度加以论证。与跟他同时代的新儒家学者相比，在吸收、融会、儒化西方哲学方面，贺麟取得的成绩最大，对现代新儒家学者具有重要的启迪作用。

## 吸收新黑格尔主义思想

贺麟在 1926～1931 年期间留学美国和德国，对德国古典哲学有很深的造诣，并深受新黑格尔主义的影响。1931 年，贺麟开始在北京大学、清华大学讲授"西洋哲学史""斯宾诺莎哲学"等课程。在此后的半个世纪里，贺麟始终都以饱满的热情、旺盛的精力全身心地投入德国古典哲学的教学和研究活动及中西哲学的会通和融合的研究和探索活动中。他通过进行大量的翻译和解释工作，希望把西方近现代哲学，尤其是欧洲大陆的理性主义和德国古典哲学传播到中国来，为中国文化的现代化提供思想理论基础。贺麟是公认的当代中国从事黑格尔研究和翻译的一代宗师。

新黑格尔主义是 19 世纪下半叶以来从宗教的方面复活黑格尔哲学的各种思潮的总称。最早在英美产生并流行，著名代表有格林、布拉德雷、鲍桑葵、罗伊斯等人。20 世纪上半叶，特别是两次世界大战之间在德国和意大利等国曾发生巨大影响，在西方其他各国也有代表。新黑格尔主义共同的特点是都接受了黑格尔把"绝对精神"当作唯一真实存在的本体论观点，同时把"绝对精神"同具有创造作用的"精神主体"融合起来，试图限制和抛弃黑格尔的理性主义思辨方法，重视对辩证法和直觉的关系的研究。新黑格尔主义公开地标榜绝对唯心主义，它既反对唯物论，也反对自称中立的新实在论和经验主义，表现出从客观唯心主义向主观唯心主义的转变。新黑格尔主义者都自称为绝对唯心主义的信徒。他们在接受黑格尔哲学的"绝对精神"本体论的基本原则的前提下，吸收了康德、贝克莱的某些思想，对黑格尔哲学作了主观唯心主义的解释，表现出主客观唯心主义相混合的倾向。在历史观上，黑格尔历史哲学根据"理性主宰世界"这一原则，把人类历史看作一个有规律的、不以人的主观意志为转移的过程，但是新黑格尔主义者却从"绝对精神"和"自我精神主体"融合的立场对人类社会历史和文化的发展作出了主观主义和非理性主义的解释，根本否定社会发展的内在客观规律性。

贺麟在美国和德国留学时，对黑格尔哲学思想有深刻的理解和研究，并建立了坚定的信仰和深厚的感情，对新黑格尔主义者格林的思想有很深入的了解和体悟，因此，当他建构自己的"新心学"思想体系时充分借鉴了新黑格尔主义的思想。在贺麟的思想中，我们可明显地看出新黑格尔主义哲学的某些特征。在他看来，新黑格尔主义的这种主观唯心主义思想倾向与陆王心学"心即理"的主观唯心主义思想颇为契合。新黑格尔主义者强调整体性思维，提倡以"心"为"绝对实在"的认知方法。这与陆王心学倡导的"先立乎其大"的思维路向亦较一致。因此，贺麟站在儒家哲学（主要是陆王心学）的立场上，吸收了新黑格尔主义的主观唯心主义，并在努力寻找二者共同点的基础上，试图将二者融合起来，创立新说。因此，贺麟的"新心学"思想自觉地谋求重视逻辑认知和理性思辨的西方哲学与重视道德评价和直觉体悟的中国哲学的结合。

## 主体逻辑心

1930 年，贺麟先后撰写了《近代唯心论简释》《中国哲学和西方哲学》等文，提出了他的"新心学"本体论。贺麟在建立自己的新心学思想体系时，以陆王心学最高本体的"心""本心""本体""良知"为核心，吸收了程朱理学的思想、康德的先验逻辑思想，借鉴了黑格尔的"绝对精神"观念，建立了"心即理"和"逻辑心"的本体论。

贺麟的"新心学"思想体系在本体论上深受陆九渊、王阳明心学的影响，并继承了熊十力"体用不二"的原则，以"心"作为宇宙万物的本体，而将具体的万事万物作为"心"的表象和功用，认为世界的自然之物和一切文化之物都是"主体逻辑心"的显现形式。在本体论上，程朱理学以"理"为最高范畴，陆王心学以"心"为最高范畴，贺麟则借助于西方黑格尔的唯心论学说与方法，论证了心外无物、心物不分的"心体物用"论，而且提出了"心即是理、理在心中"的"心与理一"论。在心与物的关系上，贺麟首先沿用斯宾诺莎的心物一体两面平行论，认为在科学研究领域上心与物永远平行。他说："心与物是不可分的整体。为方便计，分开来说，则灵明能思者为心，延扩有形者为物。"同时，又借鉴新黑格尔主义的"自我主体"解释陆王心学的"心""良知"，提出了心体物用论。据此界说，则心物永远平行而为实体之两向："心是主宰部分，物是工具部分，心为物之体，物为心之用。心为物的本质，物为心的表现。"在哲学本体论的角度，心与物的关系成了体与用关系，即"心为物之体，物为心之用"。贺麟认为，心之所以成为物之体，是因为心与物相比更根本、更重要，因而也最具有实在性。在贺麟看来，"心"是唯一的主体或实体，心为主宰，而不是客体，命物而不命于物。贺麟将"心"分为逻辑心和心理心（也叫"经验心"）两个层次。他说："心理的心是物，如心理经验中的感觉幻想梦呓思虑营为，以及喜怒哀乐爱恶欲之皆是物，皆是可以用几何方法当作点线面积一样去研究的实物；逻辑意义的心即理，比心理意义的心更为根本和重要，逻辑意义的心是一种理想的超经验的精神原则，它是经验的统摄者、行为的主宰者、知识的组织者和价值的评判者，换言之，逻辑意义的心是认识或评价的主体，决定着一切事物具有其客观性。"两者的关系是体与用的关系，即逻辑心是心理心的本质、根据、标准和理想，心理心则是逻辑心的现象、实现和中介。"心理心"是物，"逻辑心"即理。万物之能成立有意义，根本上有赖于逻辑心的证明和它的光芒的照耀。这样，就形成了贺麟以"逻辑心即理"为核心命题，以心物关系论、心理关系论和逻辑主体论为骨架的"新心学"思想体系。他认为，在逻辑上，一切客体都必须以主体为前提；一切经验又必须有先验性作基础；一切哲学根本的出发点只能是先验主体，即先天的纯粹意识。笛卡儿、康德、黑格尔、新黑格尔主义等都说明了这一点。贺麟"新心学"的本体"主体逻辑心"正是这种先验主体、先天的纯粹意识，或者叫作"绝对精神"。他说："自然与人生之可以理解，之所以有意义、条理与价值，皆出于此'心即理'之心。"

贺麟对黑格尔的《精神现象学》的基本思想进行了深入研究和借鉴，并吸收了新黑格尔主义把"绝对精神"当作唯一真实存在的本体论观点，把黑格尔的"绝对精神"与陆王心学最高本体的"心""本心""本体""良知"相比附和契合，作为宇宙万物的本体，从而建立了"主体逻辑心"的本体概念，实现了将新黑格尔主义和陆王心学的巧妙结合。《精神现象学》是黑格尔早期的哲学著作，也是黑格尔本人全部著作中最有独创性的著作，而且是在整个西方哲学历史上最富于新颖思想的著作之一。在黑格尔看来，现象学就是透过事物的现象去寻求事物的本质。当人们观察事物时，总是由外以求知其内，由表现在外的现象以求把握其内在本质，这就是现象学研究的全部特征。黑格尔在规定现象学的性质时，特别强调人的意识活动在其人的自我发展或提高的过程中的重要作用。他认为，意识能够使其自身的现象和它的本质相同一。他说，作为意识的精神的根本目的就是要使得它的现象和它的本质同一。意识在趋向于它的真实存在（或本质）过程中将摆脱它的异化或外化的形式，将达到现象与本质的完全统一。这时，现象即本质。这就是说，意识经过矛盾发展过程，达到它的现象和本质的同一。而人们研究、描述、分析意识由现象达到与本质的同一的过程，亦即由现象到本质的过程的学问就是精神现象学。因此，黑格尔把他的精神现象学概括为"关于意识的经验的科学"。黑格尔在《小逻辑》中说："在我的《精神现象学》一书里，我是采取这样的进程，我从最初、最简单的精神现象，直接意识开首，进而从直接意识的矛盾进展逐步发展以达到哲学的观点，完全从意识矛盾进展的历程以指示哲学观点的必然性……所以哲学知识须以意识的许多具体的形态，如道德、伦理、艺术、宗教等为前提。"而黑格尔的"先天的纯粹意识"

"绝对精神"概念与陆王心学的"心""本心""本体""良知"有惊人相似的地方，也是贺麟"主体逻辑心"概念的真正含义所在。

在贺麟建立的"新心学"思想体系中，他公开宣称自己是唯心论者，而且自觉地为唯心论作论证。从他的"主体逻辑心"本体论出发，贺麟十分强调存在的价值和意义问题。当实在论者攻击唯心论者否认世界的存在性时，贺麟反驳说，唯心论谈存在，"所注意的是存在的意义和价值。我们不能说连我们想象之中都不存在的空谷幽兰有什么价值，什么意义，因为价值和意义都是思想、欣赏、判断、认识的能力赋予的……因此，认识论的努力，在于用思想从逻辑上、法理上，对事实上的存在关系、来源、所以可能的条件加以证明。这不是主观化，而正是客观化，这不是戴绿色眼镜看事物，而正是开辟混沌、冲破黑暗，赋予万物以意义价值的思想之光的照耀。"在贺麟看来，谈论存在，就必须追问存在的意义和价值，从而追问出面对存在的主体。没有主体的"存在"，只是动物信仰，不能成为科学出发的坚实的逻辑前提；只有有先天主体光芒的照耀，我们才能"开辟混沌，冲破黑暗"，真正理解存在的意义和价值，从而主宰存在，实现自我价值，奔向自由王国。在反驳实在论者的攻击时，贺麟认为，唯心论并不否认实在世界（首先是自然界）的现象存在，它的功能在于阐明这个世界存在的意义。普通人把世界当作实际存在着的真实实在。但要想理解现实存在和实证科学的无可怀疑性，并阐明其合法根据，只有依靠先验主体才能赋予一切存在以存在价值和意义。实在世界虽然是存在的，但它只有作为先验主体意向的意义产物才能具有其存在意义。贺麟通过对逻辑心和先验主体的特征的论述，对逻辑心和心理心的关系、先验主体和心理学主体的关系的论述，对哲学和实证科学的关系的论述，清晰地表述了德国哲学家胡塞尔现象学的基本观点，可以说是异曲同工。胡塞尔的现象学不仅像科学一样关注事实性目标，而且更要探索一个心灵的本质，一个心灵生命共同体的不变的本质结构，即其先天性特征。胡塞尔认为，只有依靠主体"我"的思想进展，才能从经验的事实性目标转换上升到先天性目标上来。因此，在逻辑上，"我"必须率先从心理的经验的事实存在的自我升华到逻辑的先验的自我。他提出，"我"有两个层次，一是"被设定为现实的我"，它只是一个此世界对其有存在的主体，是心理学的，经验层次的主体，是属于世界的"我"。另一个"我"是"先验自我"，它完全超越了前者，排除了前者偶然的、外在的因素。心理学主体只是先验主体的客体，对它而呈现，被它所意识和克服。胡塞尔先验主体和心理学主体的关系，与贺麟的逻辑心和心理心的关系非常接近。鉴于贺麟"新心学"中的"主体逻辑心"有浓重的胡塞尔现象学色彩，所以学术界有人猜测贺麟受到了胡塞尔现象学的影响。

贺麟一生的学术重点都在追求信仰、道德、科学和文化成立的根本哲学前提，因而他明确树立起"主体逻辑心"的至高无上的本体地位。在贺麟那里，"主体逻辑心"的基本特征就是先验性、绝对性，而"心理心""经验心"以及自然界和人类文化的万事万物皆是"主体逻辑心"的表现而已，由此建立起"先天自我"毫不动摇的本体地位，并由此坚定诚挚地把自己划入唯心主义阵营。不过他的思想实际是以陆王心学与新黑格尔派的主观唯心主义为主要特征，兼杂了程朱理学和黑格尔的客观唯心主义因素。

## 直觉辩证法

贺麟的"新心学"把黑格尔的逻辑思辨与陆王心学的直觉体悟结合起来，弥补了西方近代哲学与中国传统哲学之间在思维方式上的鸿沟。贺麟认为，直觉体悟（体验）与逻辑思辨的关系十分复杂，两者之间既有鲜明的差异性，也有明显的同一性，为此，贺麟提出了"直觉辩证法"的概念来将逻辑思辨与直觉体悟融合起来。

逻辑是英文 logic 的音译，导源于希腊语 logos，有"思想""思维""理性""言语"等含义，是一门研究思维形式及思维一般规律的科学。它以推理形式为主要研究对象，是人类"理性""思想"的起点和支柱，它是人们独立思考的基本方法和起点，也是人的怀疑能力、思考和创造力的源泉。逻辑是对纯粹理念的思维和研究，因此是对人的思维的思维。所谓纯粹理念就是思维的最抽象的要素所形成的理念。但是只有思维本身才构成使得理念成为逻辑的普遍规定性。理念的这些逻辑规定性是思维自身给予的，绝不是已经存在于外面的现成事物。逻辑学在西方一直都很发达。古希腊哲学家亚里士多德的著作《工具论》最早创立了逻辑学，建立了传统形式逻辑，研究人的思维和思维的一般规律。逻辑学的主要功能在于训练人的思维，使人在头脑中得到真正纯粹的思想。亚里士多德主要强调演绎思维的方法，对归纳法也有一定的探讨。他为逻辑发展史树起了第一座丰碑。逻辑学所处理的题材是纯粹抽象的东西，而且需要一种特殊的能力和技巧，才能够回溯到纯粹思想本身，紧紧抓住纯粹思想，并活动于纯粹思想之中，所以是十分艰深的学问。同时，逻辑学的研究内容是人们的思维和思维的规律，而这些规律又是最简单、最初步的，也是人人最熟知的，例如有与无、质与量、自在存在与自为存在、一与多等等，所以又可以说是最容易的科学。亚里士多德的形式逻辑、毕达哥拉斯的数学思维和欧几里得几何演绎体系的建立对西方逻辑思维产生了深远影响。欧洲中世纪基督教神学统治下的经院哲学主要采用亚里士多德的演绎思维方法来论证基督教神学。数学逻辑思维对近现代科学家哥白尼、伽利略、开普勒、笛卡儿、培根、斯宾诺沙、牛顿、康德、黑格尔、爱因斯坦等都有深远的影响。

贺麟深入研究了黑格尔以对立统一的辩证法为核心的思辨逻辑的主要内容，认为黑格尔的辩证法是西方逻辑思辨哲学的顶峰。贺麟认为，黑格尔从阐明有限与无限的辩证关系出发把形而上学与逻辑统一了起来，彻底消除了康德的自在之物，否定了康德的不能达到的"彼岸世界"的存在，从而克服了主体与客体的对立的问题。黑格尔说："有限东西与无限东西不可分离，同时绝对互为他方；每一方都在它自身有它的他方。所以，每一方都是它和它的他方的统一。"黑格尔以这种辩证观点打通了现象与本体之间的界限，给他建立思辨逻辑创造了首要前提。在克服了先验逻辑的那种囿于主体与客体、有限与无限的对立的立场以后，黑格尔把他所要建立的思辨逻辑确定为一门将思维范畴作为事物的本质加以考察的纯粹科学。思辨逻辑的内容或对象是绝对精神本身。在黑格尔的思辨逻辑里，构成一切自然事物与精神事物的本质的客观思维是逻辑的东西、思辨的东西，这种东西就在于从对立面的统一中把握对立面，在否定的东西中把握肯定，从而在范畴的演进中形成了事物本身的过程。黑格尔把传统逻辑称为知性逻辑，认为这种逻辑的根本缺陷是把各个知性范畴视为固定不变的，把它们之间的相互关系仅仅当作外在的联系；与此相反，黑格尔把自己提出的逻辑称为思辨逻辑。这种思辨逻辑通过客观思维的无求于外而自己规定自己的发展过程，激活知性逻辑的内容，使之成为范畴系统演进的一个重要环节。黑格尔认为，一切事物本身都自在地是矛盾的，矛盾是一切自己运动的本原，因此，思辨的逻辑思维的核心在于"思维把握住矛盾，并在矛盾中把握住自身"。这样，黑格尔建立了一条直接否定传统逻辑的不矛盾律的辩证矛盾原理，即辩证法。

直觉是指在以往经验知识积累的基础上突发性地把握事物的本质的能力以及基于这种能力而产生的思想。在哲学上，直觉指认识主体对于自身、其他心灵、外部世界以及共相、价值和真理的直接认识或获得这种认识的能力。直觉省略了一般的推理过程而对事物的底蕴或本质作出直接了解和揭示，它是在没有充分认知的情形下，直接把握事物本质并作出正确的决定的。根据直觉，人们有时会"突然"产生有价值的创造性的思想，正因为它不是经过有意识的思考或推理而得，所以它好像是从天而降、凭空冒出的一种感觉，有人称之为神性、天启、神通或灵感。直觉是人类求生存的原始能力。在人类会使用语言概念去推理和归纳之前，人们只能依靠感官和非语言的直觉来分辨危险。在人类文明史上，这种本能是和意识推理并行的一种能力。直觉这个名词又被称为预感、第六感、灵感、洞察力、内在的声音或预兆等。在西方哲学史上，绝大多数哲学派别都肯定直觉的存在，但对直觉的解释各不相同。亚里士多德、笛卡儿、斯宾诺莎、洛克等为代表的理性主义哲学流派都认为直觉与理性是相互联系又各不相同的认识方式，把直觉理解为理性认识的高级形式，认为数学的、逻辑的、伦理的、美学的等等自明的公理如果离开了主体的直觉体验就不可能借助于推论来证明其真实性，只有直觉才能把握这些自明公理。非理性主义的哲学流派的人，如柏格森、胡塞尔等提倡的直觉主义则把直觉解释为与理性不相容的认识形式，认为世界的本质根本不能靠理性来把握，而只能靠神秘的直觉来把握。他们认为个人的创造才能和某种偶然因素的诱发对直觉的产生有不可忽视的作用。直觉主义者认为直觉是比抽象的理性逻辑思辨更基本、更可靠的认识世界的方式，具有强烈的反理性主义、反实证主义和反唯物主义倾向。西方的新柏拉图主义、奥古斯丁的教父哲学、中国古代哲学家老子提出的"玄览"、《易传》提出的"观象"、庄子提出的"体道"、佛教提出的"顿悟"、王阳明提出的"致良知"都与直觉主义所理解的直觉相近。

贺麟既受到宋明理学的深刻影响，又受斯宾诺莎的理性主义、格林的新黑格尔主义以及现代西方直觉主义哲学家柏格森、胡塞尔等人的影响，因此十分强调直觉或直观在人的认识中的作用。他通过对宋儒、西哲的直觉法和黑格尔辩证法的融合，提出了"直觉辩证法"的思想。贺麟从分析、检讨现代中国第一个倡导直觉说的新儒家梁漱溟的直觉论入手，进而追溯宋明儒家的直觉说，并推广去研究西方哲学家关于直觉的说法，结果将直觉与理智的关系由对立、排斥变成了并存、统一和互补。在认识论上，贺麟十分重视"洞见其全，深入其微"的直觉的作用，突出强调直觉的认识功能，以及它产生的偶然性和突发性。他说："直觉是一种经验，复是一种方法。所谓直觉是一种经验，广而言之，生活的态度，精神的境界，神契的经验，灵感的启示，知识方面突然的当下的顿悟或触机，均包括在内。所谓直觉是一种方法，意思是谓直觉是帮助我们认识真理、把握真理的功能或技术。"他认为，直觉方法一方面注重用理智的同情观察外在事物，另一方面又注重用同情的理解反省自我本心。他在论证直觉的辩证性时说："直觉一方面是向内反省，一方面是向外透视，认识自己的本心或本性，则有资于反省式的直觉，认识外界的物理或物性，则有资于透视式的直觉。"他发现朱熹、陆九渊的直觉恰好是这种外观法和内观法的代表，陆九渊注重向内反省以回复自己的本心，发现自己的真我，朱子则注重向外体认物性，读书穷理。贺麟论述说，根据宋儒所公认的"物我一理，才明彼，即晓此，合内外之道也"的基本原则，用理智的同情向外穷究钻研万事万物，正是了解自己的本性；同样，向内反省，回复本心，亦正是了解事物的原理。因此，贺麟认为，朱、陆运用直觉的方法乃是殊途同归，结果都归于达到心与理同一、个人与宇宙合一的神契境界。这样，贺麟不仅化解了朱、陆在方法论上的矛盾，也形成了自己辩证化的直觉方法。他还认为，一般来讲，西方逻辑思辨哲学惯于用概念逻辑表达直觉体验，强调概念的演绎和现象的归纳，因此西方才有精妙的逻辑思辨哲学和庞大的科学思想体系的建立；而中国传统哲学则常见于用形象、诗意、象征和文学艺术的手法表现直觉体验，因此，中国才有王国维的"三境界"之言，也才有冯友兰的"四境界"之说。贺麟认为，中国和西方的直觉体验和逻辑思辨各有千秋，如果能把西方的概念逻辑分析与中国的直觉体验方式融合起来，那么，人类的思维方式就更加完美了。

在直觉与逻辑（或理智、理性）的关系问题上，贺麟反对柏格森、胡塞尔的直觉主义过分夸大直觉的认识作用、并将直觉神秘化的观点，反对把直觉同理性思维对立起来，反对片面夸大直觉的认识作用而贬低理性思维的认识作用的非理性主义立场，也反对罗素的逻辑实在论和经验论完全否认直觉的认识作用的观点，反对把直觉贬斥为非理性、反理性、反科学、反逻辑的观点。贺麟认为，直觉并不是一种超理性或反理性的认识能力，而是与理性思维相辅相成的认识方式。他在强调直觉在认识中的重要作用的同时，提出将直觉体验与逻辑理性思辨相结合的思维方法。在他看来，直觉并不是与逻辑理性截然对立的神秘的主观意念，而是与理性互补的认识方法。贺麟主张把直觉与理智看作一个完整认识过程的不同阶段。他认为，直觉与理智乃代表同一思想历程之不同的阶段或不同的方面，并无根本的冲突，而且近代哲学以及现代哲学的趋势，乃在于直觉方法与理智方法之综贯。他说："直觉方法，一方面是先理智的，一方面是后理智的。先用直觉方法洞见其全，深入其微，然后以理智分析此全体，以阐明此隐微，此先理智之直觉也。先从事局部的研究，琐屑的分析积久而能凭直觉的助力，以窥其全体，洞见其内蕴之意义，此后理智之直觉也。直觉与理智各有其用而不相背，无一用直觉方法的哲学家而不兼采形式逻辑及矛盾思辨的，同时亦无一理智的哲学家而不兼用直觉方法及矛盾思辨的。"

贺麟站在新黑格尔哲学的立场把黑格尔的辩证法引入儒家思想，将直觉方法与理智方法融合起来，既将直觉法辩证化，同时也将辩证法直觉化。贺麟首先将直觉思维辩证化，然后又以这种辩证化了的直觉来理解辩证法，很自然地就实现了对辩证法的直觉化。他通过吸收黑格尔的辩证逻辑思辨哲学，在直觉与理智之中又加入了辩证思维的方法。他认为，黑格尔的辩证逻辑思辨哲学是表达形而上学的一种很好的方式，但它和直觉体验联系也十分紧密，逻辑思辨哲学必须伴随直觉体验才能成就真理。直觉体悟是人的内心体验的直接彰显，是没有逻辑的，但是要阐释出这种直觉体验就需要借助概念化的逻辑系统来表述内心体验的内容，因此，辩证逻辑可以说是对人的直觉体验的概念化和理性化表达。这样，他把直觉方法、知性逻辑和辩证逻辑巧妙地融合起来，建立了直觉辩证法的方法论。他在《辩证法与辩证观》一文开篇即说："辩证法自身即是一个矛盾的统一。辩证法一方面是方法，是思想的方法，是把握实在的方法。辩证法一方面又不是方法，而是一种直观，对于人事的矛盾、宇宙的过程的一种看法或直观。"贺麟以直觉法来解释辩证法，乃至于称辩证法为辩证的直观、理智的直观、辩证观。他认为辩证的直观是出于亲切的体验与慧眼的识察，每每异常活泼有力，可以给人们以关于宇宙人生的根本的看法。贺麟对于集西方辩证法之大成并尽其妙用的黑格尔辩证法极力推崇，更满怀赞赏地引用新黑格尔主义者对黑格尔辩证法的主观唯心主义的解释说："黑格尔的辩证法是一种天才的直观，有艺术的创造性，它实是一种特有的原始的内心洞观，而且是一种高远的洞观。"贺麟的结论是："黑格尔的辩证法本身就是一个对立的统一；是形式与内容的统一；是天才的直观，谨严的系统的统一；是生活体验与逻辑法则的统一；是理性方法与经验方法的统一。"

# 第 6 章

# 基督教与新儒学

## 一、基督教在中国的传播

635 年（唐太宗贞观九年），基督教聂斯托利派（在中国称景教）开始传入中国。在经历了两百年的广泛传播以后，于845 年（唐武宗会昌五年）被禁止。元朝时期，基督教（景教和罗马公教）再次传入中国，称为也利可温（蒙古语"有福缘的人"），但元朝灭亡后又中断了。1582 年（明神宗万历十年），天主教耶稣会派利玛窦（1552~1610）来华传教，天主教在中国获得广泛传播。利玛窦是开启基督教与儒家思想真正对话的鼻祖。他采用"以儒释耶"和"以耶补儒"的方式，借助中国儒家的经典，对天主教进行再解释，以谋求耶儒交融的可能，实现天主教文化在中国的传播，并与儒家学者一起用先秦儒家经典批判宋明理学的弊端，批判佛家和道家的空寂和虚无。利玛窦在《天主实义》一书中大量引用《中庸》《周颂》

《商颂》《雅》《易》《礼》等多种典籍，论证天主教的"天主"与中国人之"上帝""天"实质上同一。他说："天地之主，或称谓天地焉，非其以天地为体也，有原主在也……而实谓之天主。""吾天主，乃古经书所称上帝也。"他认为中国的"天"不是自然的苍天，而是超自然的具有意志力的神，由此将其与作为创造者、超越者和全能者的"天主"画上等号。受儒家伦理道德思想的影响，利玛窦也从道德伦理入手宣传天主教精神。基督教之"爱"与儒家之"仁"互相契合，这就为两种文化之间对话的展开提供了十分有益的契机。同时，接受天主教的儒家上层士大夫徐光启、李之藻、杨廷筠、王征等与利玛窦等耶稣会传教士一样，都将注意力集中于基督教与儒学之间的文化共通性研究，力求耶儒实现互补和融合。在他们看来，天主教所包含的思想非但不是对儒学的违背，而且是对儒学真理性的一个来自远方的例证。天主教与儒学本质相通，因此可作为儒学的补充，其最终目的始终未偏"复兴儒学"一步。他们强烈希望通过对天主教的信仰来重振儒家纲常伦理的价值，排斥陆王心学和佛老虚空无常思想的流弊。然而，持续一百年的"礼仪之争"最终断送了天主教在中国的发展契机。礼仪之争是17~18世纪天主教传华史上关于上帝的名称问题和祭祖祭孔问题的一场大争论。利玛窦去世后不久，继任耶稣会会长龙华民（1559~1654）否定利玛窦的传教方式，而且认为祭祖祭孔属于异端，理当禁止。经过罗马教皇裁定，龙华民派的观点最终获胜。康熙皇帝大怒，宣布禁止天主教在中国传播。雍正、乾隆、嘉庆等皇帝都继续执行禁教令。清朝雍正五年（1727），俄罗斯东正教开始传入中国，但影响十分有限。

1807 年，英国伦敦教会派遣马礼逊（1782~1834）来华传教，新教也开始在中国沿海地区传播。

1840 年鸦片战争以后，西方帝国主义列强用坚船利炮打开了中国的大门。天主教和基督教新教各派在不平等条约的保护下开始大举传入中国。由于西方文化在军事、政治、经济等方面处于强势地位，殖民主义、帝国主义和西方中心论思想在西方人心中根深蒂固，加上基督教自身具有强烈的排除主义信仰原则，所以，西方的传教士到中国以后基本上对中国传统文化如儒家、佛家和道家都持否定的排斥立场。他们无论怎样适应中国社会民俗，其基本的出发点仍然是西方中心论和基督教中心论。基督教及其政治文化不仅改变了整个近代的中国，也改变了中西方文化关系的实质。这种与帝国主义密切相连的基督教从一开始就埋下了与中国文化冲突不和的种子。以其阴影困扰着现代中国人的内心，甚至连中国基督徒们都不免为此感到内疚。1922 年，当中国知识界兴起"非基督教运动"的时候，贺麟曾发表文章表示对基督教的理解和同情。

## 二、贺麟的宗教哲学

贺麟的宗教哲学思想主要是受黑格尔宗教哲学思想的影响。宗教在黑格尔思想的发展中发挥了重要的作用，而宗教哲学在黑格尔唯心主义哲学思想体系的形成过程中占据着根本性角色。黑格尔的整个思想体系都可以被看成是某种理性神学。事实上，只有从宗教哲学的角度才能真正理解黑格尔的哲学。黑格尔出生在一个路德宗新教的家庭。他的儿时是在新教城市斯图加特度过的，少年时在图宾根新教神学院度过。因此，在他的早期思想中，基督教思想发挥着重要作用。黑格尔从父母那里所接受的路德宗是很严格的保守派信仰，在图宾根神学院又受到了自由主义激进神学的影响。但早期黑格尔对这两种神学观点都持反对和批判态度。不过黑格尔并没有抛弃基督教。他认为，如果对基督教内容进行一番改造，它就能为人们提供基本的真理。受当时欧洲和德国社会和文化形势的影响，青年时期的黑格尔深受启蒙思潮和基督教的激发和鼓舞。早期黑格尔曾经强调："宗教不仅只是历史性的或者理性化的知识，而乃是一种令我们的心灵感兴趣，并深深影响我们的情感，和决定我们意志的东西。一方面因为我们的道德义务和规律从宗教那里获得以强有力的敬畏之情，从而被我们看作神圣的义务和规律；另一方面因为上帝的崇高性和至善的观念使我们内心充满仰慕之意义及谦卑和感恩的情感。"在《精神现象学》一书中，他提出宗教发展的三段模式：自然宗教、艺术宗教和天启宗教。黑格尔认为，当我们从神（或上帝）的表象开始思维时，宗教哲学就必须确定神就是理念、就是绝对，是在思想和概念中被理解的本质。神不仅仅是自在的，而且是本质上自为的。神是"绝对精神"本身。这种精神不仅使自己成为存在于思想之中的本质，而且是显现者，是自己客观性的给予者。这样，黑格尔认为作为绝对本质的自在自为的"绝对精神"就成为宗教和哲学的共同内容和思维对象。他认为，真正的知识能够并且必须从神那里开始，因为一切知识说到底都是神或绝对精神关于自身的知识。总之，黑格尔宗教哲学的根本特征就是要把宗教的意境变为宗教的概念或宗教哲学，并且把这个哲学当作"最后的哲学"或"科学"。正如武汉大学赵林教授所说："黑格尔剥夺了基督教的上帝的权威，却把概念、精神当作哲学的上帝加以崇拜；他扬弃了建立在浅薄的表象基础上的传统神学，却构建了奠基于概念运动之上的思辨神学。因此，当黑格尔把神学变成了哲学时，他也就把哲学变成了神学。"

贺麟从他的"新心学"立场出发，继承陆王心学的心本论，借鉴黑格尔的"绝对精神"概念，提出了道、精神、文化概念来说明宗教的本质特征。在他看来，宗教作为一种文化形式，是"道"的外化表现和具体功用。他认为，"道"或价值理念是绝对本体，而精神、文化皆是"道"之显现和功用。在贺麟的哲学中，"道"是宇宙万物和人生的绝对真理，是万事万物的至高准则，亦即真善美永恒的价值；"道"作为价值理念也是人的价值本体。道即心，心即理，理即性，亦即人的"主体逻辑心"。"精神"是人类理性创造文化之物的主观能动力量，是人的心灵与真理的契合，是具体化、实力化、社会化的真理。道为精神之体，精神是道之用。"文化"是指哲学、科学、宗教、道德、艺术、政法、经济等精神的产物。贺麟认为，精神是文化之体，文化是精神之用。因此，全部文化都可以说是"道"或"精神"之显现。在道、精神、文化构成的文化哲学中，贺麟尤其强调"道"与"精神"的突出地位。贺麟认为，宗教是文化的一部分，以求善为宗旨，为善的价值之外在表现。在这个意义上，宗教为"精神"乃至"道"之功用。宗教以调整人与天的关系为目的，所追求的价值为神圣之善。贺麟说："如果认为有一神圣的有价值的东西，值得我们去追求，这就是宗教。或者从内心说，人有一种崇拜的情绪，或追求价值的愿望，就是宗教。"他认为，宗教信仰与理性知识、艺术体验一样，都是"绝对精神"或"道"自我反思和自我回归的途径。在宗教与道德的关系上，贺麟把人的一切价值取向和评判系统一律调拨到宗教的名下，进而使带有价值评价的道德受制于属于总体价值系统的宗教，成为宗教之功用。

## 三、基督教与儒家思想的融合

### 儒学的"三化"途径

贺麟从他的唯心主义哲学观念出发，提出了基督教与儒家思想相融合的理论构想。同时，他把吸收基督教的精神作为儒家思想新发展的重要内容。在他的《儒家思想的新开展》里，贺麟阐述了自己"基督教化新儒学"的构想，成为旗帜鲜明地主张向基督教学习的儒家学者代表人物。

贺麟明确指出，儒学是合诗教、礼教、理学三者为一体的学养，也即艺术、宗教、哲学三者的谐和体。他认为，儒家有理学"以格物穷理，寻求智慧"，有礼教"以磨炼意志，规范行为"，有诗教"以陶养性灵，美化生活"。因此，新儒家思想的开展，大约将循艺术化、宗教化、哲学化的"三化"途径迈进。具体而言，儒家思想的新开展，必须以西洋的哲学发挥儒家的理学，须吸收基督教的精华以充实儒家的礼教，须领略西洋的艺术以发扬儒家的诗教。所谓"哲学化"，即以西洋的哲学发挥儒家的理学。儒家的理学是中国的正宗哲学，故亦应以西洋的正宗哲学发挥中国的正宗哲学，即会合融贯苏格拉底、柏拉图、亚里士多德、康德、黑格尔的哲学与中国孔孟、老庄、程朱、陆王的哲学。贺麟认为，融会贯通中西的原则应当是"以儒家精神为体，以西洋文化为用"，即以儒家思想或民族精神为主体，去"儒化"西洋文化，其根本目的就是要使儒家的哲学内容更为丰富，体系更为严谨，条理更为清楚，不仅可作道德可能的理论基础，且可奠定科学可能的理论基础。所谓"宗教化"，即吸收基督教的精华以充实儒家的礼教。贺麟所说的"基督教的精华"，是指渗透在现代基督教的神圣原则、现代意识、理性精神、献身激情。贺麟断言，"如中国人不能接受基督教的精华而去其糟粕，则绝不会有强有力的新儒家思想产生出来。"照贺麟看来，儒家思想宗教化以后将重新成为中国国民信仰的权威，成为统率人心的精神支柱和精神力量。所谓"艺术化"，即领略西洋的文学艺术以发扬儒家的诗教传统。儒家特别注重诗教、乐教，后因《乐经》失传导致乐教中衰、诗教式微，所以今后新儒家的兴起应该伴随着新诗教、新乐教、新艺术的兴起。贺麟明确倡导吸收西洋艺术的浪漫主义精神来改造迂腐、严酷的旧道学，以使儒学艺术化、情感化，从而更富有感召力和生命力。他认为，通过吸收西方的哲学、宗教和艺术，促进儒学的现代化，培养现代儒者的新精神，才能为儒学的新开展开辟切实可行的途径。

贺麟提出了儒家思想新开展的具体途径和重要意义，尤其注重从"儒体西用"和"会通中西"的角度来探讨儒家思想新开展的途径问题，把学习西方的哲学、基督教和艺术作为实现儒家思想现代化的基本方向，代表了现代新儒家最具有开放性的一面。与现代新儒家其他代表人物相比，贺麟也是对西方文化最具有开放性态度的现代新儒家代表人物。

## 肯定基督教的价值

在 20 世纪 40 年代晚期，贺麟的思想有了很大的变化，对于西方的文化有了更深层次的认识。他指出，我们中国人学习西方文化绝不能仅仅停留在表面功用"用"的层面，而应该深入到西方文化的内核中去，必须从"体"和"用"两个层面进行整体研究，把西方文化整个介绍过来，单重其用而忽略其体，是不会产生良好效果的。他认为，自"五四"以来，我们只从"用"的方面来看待西方文化，没有了解西方文化的"体"，所以我们只注重科学和民主，而没有进一步研究西方文化的"体"——基督教。

此时，贺麟开始高度赞扬基督教的积极价值。他认为，基督教是西方文明的根基，基督教孕育和创造了灿烂伟大的西方近代文明。贺麟几乎完全地、无条件地接受了基督教的精神和思想。他所说的儒家思想的宗教化，实质就是儒家思想的基督教化。他生怕有人误解他的以基督教精神来充实和补充儒家思想的立场，以为他是在中国传道或宣扬基督教，所以他声明自己并不是基督教徒，并不是站在宗教的立场传道，而是纯粹站在哲学和文化的立场上，觉得要了解西洋文化就必须认识基督教，而基督教确实有许多优点值得我们中国人学习和借鉴。

贺麟十分欣赏基督教所蕴含的强大的宗教精神和生命激情。他说，宗教信仰是信仰者对神圣对象所产生的坚定信念和全身心的皈依。这种信念通过宗教活动强化，从而支配信仰者的个人行为和社会行为。真正的宗教是能给人类以坚强的信心、确定的盼望与纯洁伟大的爱心的，这是人类精神最迫切和永恒的需要。宗教能够提高人类的精神生活水平，使人类远离罪恶的污染和束缚。一个完美的人生绝对不是以仅求肉身的享受舒适为己足，他还需要精神快乐，心灵平安，灵魂有永生的盼望。贺麟认为，宗教可以为道德注入强大的热情和勇气。宗教有精诚的信仰，坚贞不贰的精神。宗教有博爱慈悲，服务人类之精神。宗教有襟怀广大、超脱现世之精神。而基督教正是这样一种为人类提供信心、希望和博爱精神的伟大宗教。

在宗教与科学的关系上，贺麟认为，科学和宗教在本质上都是文化的外在形态，都是"道"和"绝对精神"的外化显现。真正的科学帮助人间接地认识神的存在，相信天地万物间，必有一位造物主；而真正的宗教帮助人直接地认识神，与神相交。科学能使人肉身舒适享受，宗教能使人获得精神心灵平安快乐，灵魂复有永生盼望。科学的本身也建立在信仰基础上面，科学有助于信仰之坚定，故科学与宗教信仰是不会有矛盾的，而是互补互助的。在目的方面，科学与宗教两者是完全一致的，因为科学与宗教都追求真理，都以增进人生幸福为目的。科学研究物质的真理，宗教研究灵性的真理。科学增进人生物质生活方面的幸福，宗教增进人生灵性生活方面的幸福。科学给人以生活的知识，宗教给人以生活的能力。人生除了衣食住行外，还有道德心灵的部分。科学只能加增人类物质的享受，但不能解决人生的基本问题，如人生的意义与目的、人生的来处与归宿等问题；宗教却能改变人类的内心世界，并能增进灵性生活，解决永生问题。人生既非仅求物质与外表的解决，又需要精神内心的满足，所以要提高人生境界，解决人生的问题，我们既需要科学，也需要宗教。科学不能取消精神的原则，犹宗教不能否定科学的价值，所以两者必须相辅而行，对于人生始有真实的贡献。科学与宗教两方面的目的都是帮助人生，解决人生难题，提高人生的价值。因此两者之间不仅没有冲突，反而需要彼此合作。贺麟认为，虽然科学是西方文明的杰出成果，而基督教实为西方文明的核心骨干。科学帮助西方人发展出辉煌灿烂的物质文明，但基督教支配西方人的精神生活和人生信仰，而这一点每为流俗浅见者所忽视。比如说，一个家庭要享受美满幸福的生活，不但希望家庭的物质条件好，还需要有良好的宗教教育。否则家庭里父母子女不睦，婆媳相争，姑嫂不和，烟酒赌博，三妻四妾，闹得乌烟瘴气，精神痛苦。虽然科学帮助建设了这个家庭的外表，家私富丽堂皇，设备豪华气派，但如果没有宗教增进他们精神和灵性方面的幸福，则这个家庭无疑是一座黄金的孤岛、现代的地狱。所以，贺麟说，若非宗教之知"天"与科学之知"物"合力并进，若非宗教精神为体，物质文明为用，绝不会产生如此伟大灿烂之近代西方文化。

## 儒学的基督教化

贺麟认为，中国儒家思想同样包含着文化的共性和永恒的价值原则，包含着真善美的价值理念，可以说是"道"或"绝对精神"在中国文化中的显现。他认为，儒家哲学是普遍的哲学、典型的哲学、模范的哲学。儒学作为"道"的外在显现，是一种超越性的精神价值信仰系统，是中国人安身立命的精神家园，也是指被汉代以后的历代统治者使用的官方意识形态化

141

了的思想观念系统，也是在中国百姓人伦日用中实际产生效用的，指导民众日常生活行为方式、思维方式以至心理结构的价值理念。儒家思想具有的"真精神"与一般意义上的"精神"是等值的，是一种普遍的绝对精神理念，因为"东圣西圣，心同理同"。也就是说，儒家文化、西方文化和印度文化之间尽管存在诸多形式上的差别，但是文化的纯粹本体只有一个，均以"道"或蕴涵"道"的"精神"为本体。儒家文化的真精神由于被赋予一种公共的、普遍的特性，因而可以作为中国文化发展之本体依据，并以此为主体去吸收融化外来文化和传统文化。正是在这个意义上，贺麟把儒家思想看作"体"，而把西方文化看作"用"，作为发挥儒家精神的传统，用他自己的话来说就是要"以儒家思想为体，以西洋文化为用"。具体说就是要站在儒家思想的立场上吸取西方哲学、西方的基督教和西方的艺术，就是"中体西用"。贺麟主张，在吸收西方文化时应该坚持"儒家思想为体"的大原则，然后进行他所说的"儒化"西方文化的工作。所谓"儒化"主要有两个含义，一是在吸取西方文化过程中要经过主体的主动选择，贯彻"以我为主"的方针，选择取舍的标准便是儒家思想。二是把选择西方文化的过程变为消化吸收的过程，将西方文化融化在儒家思想当中。这和胡适的"全盘西化"立场大为不同。尽管他和胡适两人都提倡要引进西方文化，对西方文化加以科学研究和认真把握，都强调中国传统文化的现代化的必要性，但是，胡适的基本立场是以西方文化为参照系来批判整理中国传统文化，他提倡的"整理国故"就体现了这一立场，其立足点在"西化"或"充分世界化"；而贺麟的基本立场是以儒家思想为尺度来融会、转化西方文化，他的"新心学"就体现了这一立场，其立足点在"化西"。所谓"西化"就是自动自觉地抛弃自己的文化传统，全盘接受和吸收西方现在已有的文化。所谓"化西"就是在继承发扬自己的文化传统的基础上，自觉地扬弃吸收西方的文化。"西化"与"化西"分歧的背后是激进与保守两种文化态度的差异。贺麟的保守立场在此体现得十分明显。

不过，在贺麟的《文化的体和用》一文发表之后，他对基督教的积极评价和高度肯定，使他主张在学习基督教时采取全盘吸取基督教的立场，并把吸收基督教作为复兴中国文化的基本条件，具有"全盘西化"的鲜明特征。因此，主张全盘西化的学者陈序经就明确地指出贺麟的体用文化观开始走出"中体西用"的老框框，而走向了"西体西用"和"全盘西化"的道路。对于这种看法，贺麟不仅不作反对，反而主动地接过这一话题，并进一步申说自己的"西化"的主张。在几年之后，他又写了《认识西洋文化的新努力》一文。他说："我其实并不赞成从量方面去讲全盘西化，而主张各部门从质方面讲应该彻底西化、深刻西化。"也正是在这篇文章中，他顺着所谓的"彻底西化"或"深刻西化"或"质方面的西化"的思路讨论了宗教在文明进程中的伟大的作用，并进而详尽地探讨了他的"西洋近代文明的一切特点基督教中均应有尽有"的命题，揭示了基督教与科学、与民主、与工业化等等之间的血脉关系，坚决主张基督教就是西洋文化的体。顺着同样的思路，贺麟又撰写了《基督教与政治》《论研究宗教是反对外来宗教传播的正当方法》《基督教是中国的民族主义运动》《西洋近代人生哲学的趋势》等文章。这些文章的中心思想都在显示他对基督教和基督教在中国传播研究的关注，都是服务于他的以基督教补充或丰富中国儒学思想、基督教是西洋文化之体的看法的，更明白地说都是他的西化思想的具体体现。可以清楚地看到，贺麟就自认为是一个"西化论者"。不过与陈序经和胡适等人的区别在于，他所谓的"西化"不是量的西化，而是"质的西化"或"深刻西化"。所谓的"质的西化"或"深刻西化"是批评胡适等人的西化论还停留在现象或量的层面，未曾涉及西方文化的本质。他深刻指出，民主和科学并不是西方文化之根本，西方文化的本质或本体应该是基督教。他说，如果我们只把民主与科学两者看作是西方文化的本质性的东西，就表明我们对西方文化的认识还未到家，还没有真正把握西方文化的精髓，而如果我们真能把基督教的精华学到手，那么科学和民主也就自然包括在其中了。因此，当代学者胡军先生认为贺麟是一位西化论者的观点也是可以成立的。

贺麟认为，儒教本来就蕴涵着丰富的宗教仪式与宗教精神，但后来主要以人伦道德为中心，而忽略了宗教的真精神。如果我们吸收基督教的精华，例如，基督教神圣的信仰、博爱的教义、庄严的礼仪、典雅的音乐、牺牲的激情、奉献的热情、服务的精神、理性的思辨、平等的观念、法治的原则、敬业的操守、宽恕的情怀、朴素的风格、传教的热忱等等，如果我们能吸取这些基督教的闪光点用来充实儒家之易教、书教、礼教、乐教、诗教，必然会重振儒家信仰的真精神，造福于中国和全世界。在他看来，现代的基督精神正可借来冲淡儒家礼教的宗法色彩，使之趋于社会化、现代化。为此，他将基督教之"爱"的精神与儒家"仁"学的基本精神相融合，重新解释了儒家礼教。他说，儒家的"仁"即是救世济物、民胞物与的宗教热诚。基督教的《约翰福音》有"上帝就是爱"一语，质言之，上帝即是仁。"求仁"不仅是待人接物、克己爱人的道德修养功夫，也是敬天、知天、事天的宗教功夫。儒家以"仁"为天德，基督教以"至仁"或"无上的爱"作为上帝的本性，由此足见"仁"富有鲜明的宗教意义，是可以从宗教方面大加发挥的。显然，贺麟对儒教和基督教的这种"融会"的结果，是使儒家礼教带上了浓厚的现代基督教色彩。

在贺麟的文化哲学中，学习吸收基督教应该服务于实现儒家思想现代化的根本目的。贺麟把儒家思想看作"体"，而把西方文化看作"用"，并把基督教看作西方文化的精神根基，主张吸取基督教的精神进入儒家思想，促进中国文化的更新和复兴。既然基督教是西方文化内在根本的价值理念，是西方文化之体，那么，在我们吸收和借鉴西方文化的时候就应该吸收西方文化之"体"基督教来充实和提升中国文化之"体"儒教。贺麟通过对近代以来中国知识分子认识西方文化的历程进行深刻的反思，说明了学习基督教精神的积极价值和重要意义。

# 第 7 章

# 哲人长逝

1992 年 9 月 22~24 日，为纪念贺麟诞辰 90 周年，中国社会科学院哲学所、中华全国西方哲学史学会、民盟中央等单位在北京联合举行"贺麟学术思想讨论会"。9 月 23 日上午 8 时半，正在学术会议召开期间，贺麟先生溘然长逝于北京医院。与会人员怀着极大的怆痛悼念一代哲人的长逝，学术研讨会变成了追思会。与会代表追思贺麟先生作为哲学界泰斗的一生，追忆他的高风亮节和学术风范，追思他作为教育家的杰出贡献和巨大成就。

当年 10 月 10 日，《人民日报》第四版发表纪念文章《贺麟同志逝世》，表达人们对贺麟的追思。

1993 年，贺麟的学术助手宋祖良与范进合作编写了《会通集：贺麟生平与学术》，由三联书店出版。该书详细介绍了贺麟的生平事迹与学术成就。

1995 年，由方克立教授和李锦全教授主持的国家社科基金"七五""八五"规划重点课题"现代新儒学思潮研究"课题组出版了《现代新儒家学案》三巨册，有梁漱溟、张君劢、熊十力、贺麟等十一人的学案，其中，《贺麟学案》由宋志明执笔。

同年，宋志明主编的《儒家思想的新开展——贺麟新儒学论著辑要》由中国广播电视出版社出版，该书是现代新儒学研究丛书之一，汇辑了贺麟对儒家思想研究的主要论著。

同年，王思隽、李肃东所著《贺麟评传》由百花洲文艺出版社出版。

1998 年，宋志明先生著《贺麟新儒学思想研究》，由天津人民出版社出版，对贺麟的儒家思想进行了较为系统的研究。

1999 年 8 月 29 日至 31 日，由澳门中国哲学会主办，中国社会科学院哲学研究所协办的"贺麟思想与西方哲学引进研讨会"在澳门举行。这次研讨会是继 1986、1992 年之后的第三次全国性贺麟学术思想研讨会，来自全国的专家学者共三十人与会，会议收到论文二十二篇。澳门中国哲学会会长岑庆祺致开幕词，澳门新华分社宣传文体部顾问冼为铿、中国社会科学院原副院长汝信、中国社会科学院哲学所副所长李鹏程也在开幕式上致辞。

2001 年，张茂泽的《贺麟学术思想述论》由陕西人民出版社出版。

2002 年 12 月 10 日，中国社会科学院哲学研究所隆重集会，纪念贺麟先生百年诞辰，来自我国哲学界的专家学者共百余人参加了会议。会议由哲学所所长李景源主持，原社会科学院副院长汝信先生，国家图书馆馆长、中国哲学史家任继愈先生，西方哲学史家张世英先生、汪子嵩先生，北京大学教授黄楠森先生、张祥龙先生以及贺麟先生的女儿贺美英女士等分别作了发言，对贺麟先生在西方哲学研究和翻译方面的贡献、其思想的主要内容及特点、其治学方法，以及他在中国现代学术史上的地位和影响等作出高度评价。

2002 年 12 月 11 日，《人民日报》刊登彭国华的文章《首都学术界纪念贺麟诞辰百周年》，专门报道了此事。

2005 年 5 月初，张学智编写的《贺麟选集》作为"北大哲学门经典文库"之一由吉林人民出版社出版。

2006 年，四川省宜宾学院四川思想家研究中心青年学者彭华先生在《淮阴师范学院学报》2006 年第 1 期上发表了《贺麟年谱新编》，全面系统地整理出贺麟先生的生平事迹和在教学、科研、翻译等方面的杰出成就。

# 附　录

## 年　谱

1902 年　9 月 20 日，出生于四川省金堂县五凤乡杨柳沟村一个士绅家庭。

1909~1913 年　入私塾读书。

1914~1916 年　读小学。

1917 年　考入石室中学读书。

1919 年　考入清华学堂。

1920~1922 年　任清华学校《平民周刊》编辑。

1923 年　《戴东原研究指南》《博大精深的焦理堂》发表。

1925 年　任《清华周刊》总编辑。发表《论研究宗教是反对外来宗教传播的正当方法》。被选为"沪案（五卅惨案）后援团"宣讲人，到石家庄、太原、开封、洛阳、信阳等地做宣传鼓动。

1926 年　7 月，毕业于清华大学。9 月，入俄亥俄州的奥柏林（Oberlin）大学哲学系三年级学习。

1927 年　参加耶顿夫人组办的家庭读书会。

1928 年　从奥柏林大学毕业，获文学士学位。转入芝加哥大学专攻哲学，开始接受新黑格尔主义思想。转入哈佛大学。

1929 年　毕业于哈佛大学，获哲学硕士学位。

1930 年　赴德国柏林大学专攻德国古典哲学。

1931 年　结束了五年的欧美求学生涯回国。受聘为北京大学哲学系讲师。

　　九一八事变后，作论文《德国三大哲人处国难时之态度》。

1932年　被聘为北京大学副教授。发表《大哲学家斯宾诺莎逝世三百年纪念》。

1933年　发表《斯宾诺莎的生平及其学说概要》《黑格尔之为人及其学说概要》和译著《黑格尔的精神现象学》。

1934年　出版《德国三大哲人处国难时之态度》单行本。受同行委托，与金岳霖、冯友兰、黄子通筹备召开哲学年会。

1935年　中国哲学会在北京大学举行第一届哲学年会，贺麟当选为理事兼秘书。

1936年　升任北京大学教授。发表《康德名词的解释和学说的概要》《宋儒的思想方法》和译著《黑格尔》。

1937年　兼任中国哲学会西洋哲学名著翻译委员会主任。发起组织逻辑学研究会。随北京大学迁往长沙。

1938年　随北京大学继续南迁，至离昆明三百多公里的蒙自县，执教于哲学心理系。到国民党中央政治大学任教。

1939年　回西南联合大学执教。

1940年　被蒋介石约见。向蒋介石提出"西洋哲学名著翻译委员会"的经费问题。

1941年　开始翻译黑格尔的《小逻辑》。《儒家思想的新开展》发表。

1942年　《近代唯心论简释》出版（初版）。

1943年　在西南联合大学讲授"黑格尔理则学（逻辑学）"。发表《基督教与政治》等论文。《知难行易说与知行合一说》出版。

1944年　发表《宋儒的新评价》《杨墨的新评价》等论文。

1945年　发表《陆王之学的新开展——介绍熊十力及马一浮二先生的思想》等论文。

1946年　发表《王船山的历史哲学》等论文。《时代之波》出版。

1947年　担任北京大学训导长。发表《王安石的心学》《认识西洋文化的新努力》《王安石的性论》《对黑格尔系统的看法》《儒家的性善论》

等论文。"新心学"哲学著作《当代中国哲学》和《文化与人生》出版。

1948年　《儒家思想新论》出版。

1949年　《小逻辑》翻译完毕。

1950年　所译《小逻辑》出版。

1951年　到江西省泰和县参加土改半年。

1953年　加入中国民主同盟。

1954年　参加对唯心主义的批判，先后写出《两点批判，一点反省》《批判胡适的思想方法》《批判梁漱溟的直觉主义》等文。

1955年　调入中国科学院哲学社会科学部哲学研究所（今中国社会科学院哲学研究所），任西方哲学史组组长，研究室主任，一级研究员，直至去世。

1956年　发表《为什么要有宣传唯心主义的自由？——对"百家争鸣"政策的一些体会》一文。

1957年　毛泽东在中南海丰泽园接见周谷城、胡绳、金岳霖、冯友兰、贺麟、郑昕、费孝通、王方名、黄顺基等十人，并共进午餐。

1958年　所译斯宾诺莎《伦理学》出版。

1959年　与王太庆合译黑格尔《哲学史讲演录》（第一卷）出版。《哲学史讲演录》（第三卷）出版。

1960年　发表《批判黑格尔论思维与存在的统一》《新黑格尔主义批判》等论文。与王太庆合译黑格尔《哲学史讲演录》（第二卷）出版。所译斯宾诺莎《知性改进论》（《致知篇》的新版）出版。

1961年　发表《论唯物主义和唯心主义的斗争和转化》及《加强对西方现代哲学的研究》《关于唯物主义与唯心主义斗争和转化的问题——答严北溟先生》等论文。所译马克思《博士论文》由人民出版社出版，该书后收入《马克思恩格斯全集》。

1962年　发表《关于黑格尔的〈精神现象学〉》。在中国哲学学会北京分会于中国人民大学举行的大会上作题为《胡克反马克思主义的实用主义剖析》的演讲，后经整理收入《现代西方哲学讲演集》。所译黑格尔《康德哲学论述》出版。与王玖兴合译的黑格尔《精神现象学》出版。

1964 年　当选为政协第四届全国委员会委员。其后，又连续当选为第五、六届全国政协委员。

1966~1976 年　"文化大革命"开始。贺麟被戴上"反动学术权威""反共老手"帽子，多次被批斗。研究工作全部中断。

1978 年　参加在芜湖召开的"全国西方哲学史讨论会"，作了《黑格尔哲学体系与方法的一些问题》的讲话。与王太庆合译的黑格尔《哲学史讲演录》（第四卷）出版。

1979 年　任中国代表团的团长，参加在南斯拉夫贝尔格莱德大学举行的国际黑格尔哲学第十三届年会。

1980 年　发表《康德黑格尔哲学东渐记》《实用主义是导致折衷主义和诡辩论的思想根源》等论文。

1981 年　中华全国外国哲学史学会正式成立并召开第一届第一次理事会议，贺麟被选为名誉会长。《黑格尔全集》编辑委员会成立，贺麟任名誉主任委员。为中国社会科学院研究生院外国哲学史专业第一批博士生导师。参加在杭州召开的全国宋明理学讨论会。参加在杭州召开的全国中外哲学史比较讨论会。

1982 年　《黑格尔的艺术哲学》发表。与王玖兴合译的《精神现象学》（上下卷）荣获中国社会科学院科研一等奖。加入中国共产党。

1983 年　发表《黑格尔的〈法哲学原理〉》等论文。应香港中文大学新亚书院之邀至港讲学一个月。

1984 年　《现代西方哲学讲演集》出版。出席在上海召开的全国东西方文化比较讨论会。

1985 年　应邀至四川大学哲学系、西南师范学院、武汉大学哲学系讲学。

发表《黑格尔〈自然哲学〉提纲特别强调其中的辩证法》《斯宾诺莎身心平行论及其批评者》《黑格尔对"形而上学思想"的批评》等论文。

1986 年　被聘为《康德与黑格尔研究》顾问。论文集《黑格尔哲学讲演集》出版。

1988 年　参加《黑格尔全集》编译委员会在北京昌平爱智山庄召开的《黑格尔全集》翻译出版讨论会。《文化与人生》重新出版。译著《黑格尔早期神学著作》出版。西洋哲学名著研究编译会成立，贺麟任名誉会长。

1989 年　《五十年来的中国哲学》出版。《德国三大哲人歌德、黑格尔、费希特的爱国主义》出版。

1992 年　9 月 23 日逝世，享年九十岁。

# 参考书目

1. 贺麟：《文化与人生》，商务印书馆，1988 年。

2. 贺麟：《五十来的中国哲学》，辽宁教育出版社，1989 年。

3. 贺麟：《哲学与哲学史论文集》，商务印书馆，1990 年。

4. 贺麟：《现代西方哲学讲演集》，上海人民出版社，1984 年。

5. 贺麟：《文化的体与用》，北京大学出版社，1990 年。

6. 罗荣渠：《从西化到现代化》，北京大学出版社，1990 年。

7. 宋祖良、范进编：《会通集：贺麟生平与学术》，三联书店，1993 年。

8. 方克立、李锦全主编：《现代新儒家学案》（中册），中国社会科学出版社，1995 年。

9. 方克立、郑家栋主编：《现代新儒家人物与著作》，南开大学出版社，1995 年。

10. 宋志明主编：《儒家思想的新开展——贺麟新儒学论著辑要》，中

国广播电视出版社，1995 年。

11. 王思隽、李肃东：《贺麟评传》，百花洲文艺出版社，1995 年。

12. 宋志明：《贺麟新儒学思想研究》，天津人民出版社，1998 年。

13. 张茂泽：《贺麟学术思想述论》，陕西人民出版社，2001 年。

14. 张学智：《贺麟选集》，吉林人民出版社，2005 年。

15. 张祥龙：《贺麟传略》，《晋阳学刊》1985 年第 6 期。

16. 胡军：《贺麟：另一位西化论者》，《中国哲学史》2004 年第 2 期。

17. 彭华：《贺麟年谱新编》，《淮阴师范学院学报》2006 年第 1 期。